《欽定元史語解》探索

（二）

莊吉發著

滿語叢刊

文史哲出版社印行

國家圖書館出版品預行編目資料

《欽定元史語解》探索 / 莊吉發著. -- 初
版. -- 臺北市：文史哲出版社, 民 113.05
冊： 公分 --（滿語叢刊；57-59）
ISBN 978-986-314-670-4（第 1 冊：平裝）
ISBN 978-986-314-671-1（第 2 冊：平裝）
ISBN 978-986-314-672-8（第 3 冊：平裝）

1.CST:滿語 2.CST:讀本

802.918   113007290

滿 語 叢 刊 58

《欽定元史語解》探索(二)

著　　者：莊　　　吉　　　發
出 版 者：文 史 哲 出 版 社
http://www.lapen.com.tw
e-mail:lapen@ms74.hinet.net
登記證字號：行政院新聞局版臺業字五三三七號
發 行 人：彭　　　正　　　雄
發 行 所：文 史 哲 出 版 社
印 刷 者：文 史 哲 出 版 社
臺北市羅斯福路一段七十二巷四號
郵政劃撥帳號：一六一八〇一七五
電話886-2-23511028・傳真886-2-23965656

定價新臺幣六〇〇元

二〇二四年（民一一三）五月初版

《欽定元史語解》探索

第二冊

目　次

欽定元史語解卷九

博爾濟吉特　姓氏

古語為本語觧内但釋

氏概不複注蒙古語其中姓氏

地名

古源流考

今地名八旗姓氏通譜

人名無解義者俱以蒙

父名　依宗室表

名皇族　編輯而仍本各名先見

惟與皇族同名者不分

之内　而注明非一人以别之

師人名

烏烏阿哈俱

諸至不貳於宗室皇族

而無世系確然可考者亦

布固哈塔吉

卷一作博寒葛荅黑

今從蒙古源流改正

欽定四庫全書

欽定元史語解

卷九

二

九、《欽定元史語解》人名（一）

　　元以蒙古語為本，語解內，但釋解義，不複注蒙古語，其中無解義者，但改字面。語解內皇族依宗室表編輯，而仍本各名先見之處，人名依卷帙編輯，惟與皇族同名者，不分卷帙先後，俱併入皇族而注明非一人，以別之。諸王不載於宗室表而無世系確然可考者，亦歸入人名之內。

《欽定元史語解》人名（一）滿漢對照表

順次	滿洲語	漢　字	羅馬拼音	詞　義
1		布固哈塔吉	bugū hatagi	
2		博克多薩勒濟固	bokdo saljigū	
3		納沁	nacin	蒙古語，鴉鶻

順次	滿洲語	漢　字	羅馬拼音	詞　義
4		柴布爾罕努爾	caiburhan nur	蒙古語，微淺色面
5		尼古察烏爾圖德格	nigūca urtu dege	蒙古語，隱長鉤
6		昭納蘇	joo nasu	蒙古語，百歲
7		噶濟古	gajigū	蒙古語，邪
8		海古勒齋哩克坦	haigūl ciriktan	蒙古語，有殿後兵

順次	滿洲語	漢　字	羅馬拼音	詞　義
9		浩沁	hacin	蒙古語， 舊
10		哈喇勒岱	haraldai	蒙古語， 黑色
11		格實袞	gesigun	蒙古語， 肢體
12		科爾 戩巴 勒喀	k'or jiyan bal k'a	唐古特語， 法輪 有威 隘口
13		呼圖克 喇嘛爾 鼐	hūtuk lama nair	蒙古語， 福 番僧 和氣
14		和爾 拉爾干	h'or larg'an	唐古特語， 蒙古 老僧

順次	滿洲語	漢　字	羅馬拼音	詞　義
15		哈坦 巴圖爾	hatan batur	蒙古語， 性暴 勇
16		多托 額徹濟	doto eceji	蒙古語， 缺少瘦
17		呼蘭 巴圖爾	hūlan batur	蒙古語， 野騾勇
18		蒙庫圖 呼雅克	mūngkutu hūyak	蒙古語， 有永甲
19		聶爾科 達實	niyerk'o dasi	唐古特語， 集要吉祥

順次	滿洲語	漢　字	羅馬拼音	詞　義
20		達爾扎	darja	唐古特語，開廣
21		塔納	tana	蒙古語，東珠
22		霄格	siyooge	
23		伊爾根	irgen	滿洲語，民
24		哈勒琿	halhūn	滿洲語，熱
25		伊蘇瑪勒	isu mal	蒙古語，九牲畜
26		巴圖爾	batur	蒙古語，勇
27		阿哈	aha	蒙古語，兄長
28		邁努	mainu	
29		阿嚕	aru	蒙古語，山陰
30		伊克	ike	蒙古語，大

順次	滿洲語	漢　字	羅馬拼音	詞　義
31		伊遜克	isun ke	蒙古語，九華麗
32		托歡	tohon	蒙古語，釜
33		阿爾噶 額布根	arga ebugen	蒙古語，計策老人
34		蘇都爾	sudur	蒙古語，史
35		班布爾實	bambursi	蒙古語，一歲熊
36		必埒古	bilegu	蒙古語，礪石
37		鴻和爾	honghor	蒙古語，黃馬
38		拜穆爾	bai mur	蒙古語，路程踪跡

順次	滿洲語	漢　字	羅馬拼音	詞　義
39		永　隆 特　穆　爾	yungrung temur	蒙古語， 卍字鐵
40		巴　爾 特　穆　爾	bar temur	蒙古語， 虎鐵
41		伊　嚕 特　穆　爾	iru temur	蒙古語， 尋常鐵
42		昂　吉 濟　達	anggi jida	蒙古語， 隊伍槍
43		哈　坦	hatan	蒙古語， 性暴
44		齊　呼勒	cihūl	蒙古語， 窄
45		呼　魯 古　爾	hūlugūr	蒙古語， 缺耳人

順次	滿洲語	漢　字	羅馬拼音	詞　義
46		圖烈納	tuliyena	蒙古語， 燒柴
47		呼喇珠	hūraju	蒙古語， 集聚
48		伊埒濟	ileji	蒙古語， 已送
49		瑪納濟	manaji	蒙古語， 巡邏
50		普爾普	purpu	唐古特語， 杵
51		實納噶	sinaga	蒙古語， 山崗
52		阿勒達爾 默色	aldar mese	蒙古語， 名譽 器械
53		鄂端	odon	蒙古語， 星
54		濟伯格	jibege	蒙古語， 白鱒
55		薩塔濟	sataji	蒙古語， 尣愳

順次	滿洲語	漢　字	羅馬拼音	詞　義
56		咍斯岱	hasdai	蒙古語， 有玉
57		察察哩	cacari	滿洲語， 涼棚
58		托哩珠	toriju	蒙古語， 週圍
59		鄂囉台	orotai	蒙古語， 有缺
60		額斯倫	esrun	蒙古語， 梵天
61		阿雅噶齋	ayagaci	蒙古語， 執碗人
62		塔齋爾	tacir	蒙古語， 瘠地
63		特們德爾	temunder	蒙古語， 鐵
64		哈巴爾圖	habartu	蒙古語， 有鼻
65		特克實	teksi	蒙古語， 齊

順次	滿洲語	漢　字	羅馬拼音	詞　義
66		奇圖噶	kituga	蒙古語，小刀
67		奈曼岱	naimandai	蒙古語，有八
68		額布根	ebugen	蒙古語，老人
69		鄂蘭濟勒台	olan jiltai	蒙古語，多年
70		鄂斯歡	oshon	滿洲語，虐
71		察拉該	calagai	蒙古語，迂
72		博囉岱	borodai	蒙古語，有青色
73		博克綽	bokco	蒙古語，皮包
74		錫哩瑪勒	sirimal	蒙古語，絮中

順次	滿洲語	漢　字	羅馬拼音	詞　義
75		伯勒齊	belci	滿洲語， 癲子
76		必里克圖	biliktu	蒙古語， 有度量
77		特穆爾	temur	鐵
78		托廸	todi	蒙古語， 鸚鵡
79		圖卜 特穆爾	tub temur	蒙古語， 正鐵
80		博囉	boro	蒙古語， 青色
81		綽勒漫	colmon	蒙古語， 亮星
82		巴哩雅	bariya	蒙古語， 欲執
83		囊嘉特	nanggiyat	蒙古語， 漢人

順次	滿洲語	漢字	羅馬拼音	詞義
84		烏嚕斯哈勒	urushal	蒙古語，流
85		實喇岱	siradai	蒙古語，有黃色
86		伊濟鴻和爾	iji honghor	蒙古語，全副黃馬
87		托克托	tokto	蒙古語，定
88		戩海	moohai	蒙古語，貌陋
89		本巴	bomba	唐古特語，寶瓶
90		伊濟	iji	蒙古語，全副
91		布扎爾	bujar	蒙古語，污穢
92		實都	sidu	蒙古語，牙

順次	滿洲語	漢字	羅馬拼音	詞義
93		伊蘇 布哈	isu buha	蒙古語，九牡牛
94		昆布哈	kun buha	蒙古語，人牡牛
95		罕都呼	handuhū	蒙古語，向
96		卓多	jodo	蒙古語，擊
97		穆爾 濟達	mur jida	蒙古語，踪跡槍
98		昂吉 爾岱	anggirdai	蒙古語，有黃野鴨
99		呼喇濟	hūraji	蒙古語，已集聚
100		特穆爾	temur	蒙古語，鐵

順次	滿洲語	漢　字	羅馬拼音	詞　義
101		納　延	nayan	蒙古語，八十
102		呼爾察	hūrca	蒙古語，敏捷
103		戕哲爾	moo jer	蒙古語，不善器械
104		色埒默	seleme	蒙古語，順刀
105		徹　爾 特穆爾	cer temur	蒙古語，潔淨鐵
106		達　春	dacun	滿洲語，敏捷
107		色徹肯	seceken	蒙古語，略聰明
108		裕　勒 阿　楚	yul a cu	唐古特語，處所 五水

順次	滿洲語	漢　字	羅馬拼音	詞　義
109		徹爾台	certai	蒙古語，有潔淨
110		巴圖	batu	蒙古語，結實
111		薩喇達	sara da	
112		孟克特穆爾	mūngke temur	蒙古語，經鐵
113		托克托孟克	tokto mūngke	蒙古語，定經
114		布呼	buhū	滿洲語，鹿
115		伊濟貝	iji bui	蒙古語，有全副
116		庫色勒	kusel	蒙古語，欲

順次	滿洲語	漢　字	羅馬拼音	詞　義
117		嘉鼐巴	jiya naiba	唐古特語，漢人所居地
118		伊蘇 孟克	isu mūngke	蒙古語，九經
119		哈喇 實喇	hara sira	蒙古語，僧俗
120		阿勒 呼木	alhūm	蒙古語，一步
121		巴拉	bala	梵語，守護
122		阿濟格	ajige	滿洲語，小
123		特穆爾 布哈	temur buha	蒙古語，鐵牝牛

順次	滿洲語	漢　字	羅馬拼音	詞　義
124		滿濟勒噶	manjilga	蒙古語， 瓔珞
125		呼圖克 特穆爾	hūtuk temur	蒙古語， 福鐵
126		齊勤 特穆爾	cikin temur	蒙古語， 耳鐵
127		阿南達 實哩	ananda siri	梵語， 阿難威
128		圖喇	tura	滿洲語， 柱
129		喇特納 實哩	ratna siri	梵語， 寶威

順次	滿洲語	漢　字	羅馬拼音	詞　義
130		達爾瑪	darma	梵語， 法
131		呼魯岱	hūludai	蒙古語， 有匏
132		帕克巴 拉	pakba la	唐古特語， 聖神
132		額默根	emegen	蒙古語， 老嫗
133		巴拜	babai	蒙古語， 寶貝
134		巴爾達噶	bardaga	蒙古語， 儘足
135		烏塔蘇 特穆爾	utasu temur	蒙古語， 鐵絲

順次	滿洲語	漢　字	羅馬拼音	詞　義
136		哈布爾 特穆爾	habur temur	蒙古語， 春鐵
137		多爾濟 巴勒	dorji bal	唐古特語， 金剛威
138		孟格圖	menggetu	蒙古語， 有痣
139		哲伯 特穆爾	jebe temur	蒙古語， 梅針箭鐵
140		特伯林	tebeliyen	滿洲語， 一抱
141		奇爾婁	kir luo	蒙古語， 斑點龍
142		琳沁	rincin	唐古特語， 寶

順次	滿洲語	漢　字	羅馬拼音	詞　義
143		拜特穆爾	bai temur	蒙古語， 不動鐵
144		伊蘇 額布根	isu ebugen	蒙古語， 九老人
145		實勒們	silmen	滿洲語， 鸇
146		博囉齋	boroci	蒙古語， 厨官
147		哈達	hada	蒙古語， 山峰
148		鄂爾和	orho	滿洲語， 草
149		伊蘇 布爾罕	isu burhan	蒙古語， 九佛
150		伊伯 格濟	ibegeji	蒙古語， 已依靠

順次	滿洲語	漢　字	羅馬拼音	詞　義
151		實喇卜多爾濟	sirab dorji	唐古特語，聰明金剛
152		徹伯爾	ceber	蒙古語，潔淨
153		諤勒哲特穆爾	ūljei temur	蒙古語，壽鐵
154		呼喇台	hūratai	蒙古語，有雨
155		多爾濟	dorji	唐古特語，金剛
156		伊德爾	ider	蒙古語，壯年
157		約蘇圖	yosutu	蒙古語，有道理
158		和尼	honi	蒙古語，羊

順次	滿洲語	漢　字	羅馬拼音	詞　義
159		呼魯蘇	hūlusu	蒙古語，蘆葦
160		耀珠	yooju	
161		阿海	ahai	蒙古語，兄長
162		桑節巴勒	sangjiye bal	唐古特語，佛威
163		托和	toho	滿洲語，半大麛
164		温都爾	ūndur	蒙古語，高
165		圖們	tumen	蒙古語，萬
166		特穆爾齊	temurci	蒙古語，司鐵人
167		雅爾嘉勒燦	yar jiyalts'an	唐古特語，上幢旛

順次	滿洲語	漢　字	羅馬拼音	詞　義
168		諤勒哲 額布根	ūljei ebugen	蒙古語， 壽老人
169		圖嚕	turu	蒙古語， 頭目
170		額呼布格	ere būge	蒙古語， 男巫
171		阿布哈	abuha	滿洲語， 薺菜
172		琳沁 多爾濟	rincin dorji	唐古特語， 寶金剛
173		格藏	ge dzang	唐古特語， 福好
174		哈喇 班第	hara bandi	黑色 小僧

順次	滿洲語	漢　字	羅馬拼音	詞　義
175		琳沁 班第	rincin bandi	唐古特語， 寶小僧
176		納古爾	nagūr	蒙古語， 池
177		裕木 和爾	yum h'or	唐古特語， 母蒙古
178		鼐喇古 布哈	nairagū buha	蒙古語， 溫良 牡牛
179		拉爾干 實格	larg'an šige	唐古特語， 老僧四福
180		巴延 特穆爾	bayan temur	蒙古語， 富鐵

順次	滿洲語	漢　字	羅馬拼音	詞　義
181		永和爾	yonghor	蒙古語，絨
182		特穆爾圖	temurtu	蒙古語，有鐵
183		實喇卜嘉勒	sirab jiyal	唐古特語，聰明勝
184		伊克圖	iketu	蒙古語，有大
185		托里特穆爾	toli temur	蒙古語，鏡鐵
186		雅克特穆爾	yak temur	蒙古語，結實鐵

順次	滿洲語	漢　字	羅馬拼音	詞　義
187		蘇　克 特　穆　爾	suke temur	蒙古語， 斧鐵
188		多　羅 布　哈	dolo buha	蒙古語， 七牝牛
189		昌　通	cang tung	唐古特語， 飲酒
190		布　延 穆　爾	buyan mur	蒙古語， 福踪跡
191		蘇　布　特	subut	蒙古語， 珍珠
192		海　拉　蘇	hailasu	蒙古語， 榆樹
193		伊　蘇 伯　竒	isu beki	蒙古語， 九堅固

順次	滿洲語	漢　字	羅馬拼音	詞　義
194		瑪　勒 額　森	mal esen	蒙古語， 牲畜平安
195		諤勒哲	ūljei	蒙古語， 壽
196		齊齊克圖	ciciktu	蒙古語， 有花
197		烏·魯·斯 布　哈	ulus buha	蒙古語， 國牡牛
198		鴻　和 特穆爾	hongho temur	蒙古語， 鈴鐵
199		和爾和	horho	滿洲語， 櫃

順次	滿洲語	漢　字	羅馬拼音	詞　義
200		達伊德 實實德	dasi isi de	唐古特語，吉祥智慧安
201		阿南達	ananda	梵語，阿難
202		阿勒坦布哈	altan buha	蒙古語，金牡牛
203		額森特穆爾	esen temur	蒙古語，平安鐵
204		諤特古布哈	ūtegu buha	蒙古語，老牡牛
205		巴特瑪德沁	batma decin	唐古特語，蓮花大安

順次	滿洲語	漢　字	羅馬拼音	詞　義
206		婁達袞	luo dagūn	蒙古語，龍聲音
207		吹巴勒	coi bal	唐古特語，法威
208		袞噶巴勒	gung'a bal	唐古特語，普喜威
209		阿迪斯納蘇拉	adis nasula	蒙古語，攝授享壽
210		策巴	ts'eba	唐古特語，長壽
211		伊爾哲伯	ir jebe	蒙古語，刃梅針箭
212		色徹圖	secetu	蒙古語，有聰明

順次	滿洲語	漢　字	羅馬拼音	詞　義
213		阿都齊	aduci	蒙古語，牧馬人
214		婁章	luo jang	蒙古語，龍性情
215		曼濟	manji	蒙古語，牡麕
216		布達實哩	buda siri	梵語，佛威
217		圖布卜哈布哈	tub buha	蒙古語，正牝牛
218		庫春布哈	kucun buha	蒙古語，力牝牛
219		塔斯特穆爾	tas temur	蒙古語，性烈鐵

順次	滿洲語	漢　字	羅馬拼音	詞　義
220		報恩努	boo en nu	
221		節歹努	jiyedainu	
222		佛嘉努	fogiyanu	
223		博羅 布哈	boro buha	蒙古語， 青色牤牛
224		阿巴 額不根	aba ebugen	蒙古語， 打圍老人
225		巴拉 多爾濟	bala dorji	梵語， 守護 金剛
226		旺沁	wangcin	唐古特語， 大權

順次	滿洲語	漢　字	羅馬拼音	詞　義
227		巴　拉 實　哩	bala siri	梵語， 守護威
228		博　羅 特　穆爾	boro temur	蒙古語， 青色鐵
229		唐古特	tanggūt	蒙古語， 西番
230		達　爾瑪 實　哩	darma siri	梵語， 法威

資料來源：《欽定四庫全書》，「史部」，《欽定元史語解》，
　　卷九。

　　《欽定元史語解》注明，「皇族依宗室表編輯，而仍本
各名先見之處人名依卷帙編輯，惟與皇族同名者，不分卷帙
先後，俱併入皇族，而注明非一人，以別之。諸王不載於宗
室表，而無世系確然可考者，亦歸人名之內。」
　　表中布固哈塔吉，讀如"bugū hatagi"，卷一作「博寒
葛答黑」，語解從《蒙古源流》改正。博克多薩勒濟固，
讀如"bokdo saljigū"，卷一作「博合都撒里直」，語解從

《蒙古源流》改正。納沁，蒙古語讀如“nacin”，意即「鴉鶻」，卷一作「納真」，卷一一四作「納陳」，並非一人。柴布爾罕努爾，蒙古語讀如“caiburhan nur”，意即「微淺色面」，卷一〇七作「察剌罕寧兒」。尼古察烏爾圖德格，蒙古語讀如“nigūca urtu dege”，意即「隱長鈎」，卷一〇〇作「獠忽真兀禿迭葛」。昭納蘇，蒙古語讀如“joo nasu”，意即「百歲」，卷一〇七作「直拏斯」。噶濟古，蒙古語讀如“gajigū”，意即「邪」，卷一〇七作「葛朮虎」。海古勒齊哩克坦，蒙古語讀如“haigūl ciriktan”，意即「有殿後兵」，卷一〇七作「葛忽剌急哩怛」。浩沁，蒙古語讀如“haoci”，意即「舊」，卷一〇七作「合產」，係宗室諸王，卷一一八作「哈真」，並非一人。哈喇勒岱，蒙古語讀如“haraldai”，意即「黑色」，卷一〇七作「哈剌喇歹」。格實袞，蒙古語讀如“gesigun”，意即「肢體」，卷一〇七作「葛赤渾」。科爾戩巴勒喀，唐古特語讀如“k’or jiyan bal k’a”，意即「有法輪威隘口」，卷一〇七作「窠斤巴剌哈哈」。呼圖克喇嘛鼐爾，蒙古語讀如“hūtuk lama nair”，意即「福番僧和氣」，卷一〇七作「忽都魯咩聶爾」。

和爾拉爾干，唐古特語讀如“h’or larg’an”，意即「蒙古老僧」，卷一〇七作「忽魯剌罕」。哈坦巴圖爾，蒙古語讀如“hatan batur”，意即「性暴勇」，卷一〇七作「合丹八都兒」。多托額徹濟，蒙古語讀如“doto eceji”，意即「缺少瘦」，卷一〇七作「掇端幹赤斤」。呼蘭巴圖爾，蒙古語讀如“hūlan batur”，意即「野驟勇」，卷一〇七作「忽蘭八都兒」。蒙庫圖呼雅克，蒙古語讀如“mūngkutu hūyak"，意即「有永甲」，卷一〇七作「蒙哥睹黑顏」。聶爾科達實，唐古特語讀如"niyerk'o dasi"，意即「集要吉祥」，卷一〇七作「聶昆大司」。達爾扎，唐古特語讀如"darja"，意即「開廣」，卷九十五作「答里真」。塔納，蒙古語讀如"tana"，意即「東珠」，卷一〇七作「大納」。霄格，讀如"siyooge"，卷一〇七作「小哥」。伊爾根，滿洲語讀如"irgen"，意即「民」，卷十二作「也里干」，係宗室諸王，卷九十九作「也了干」，並非一人。哈勒琿，滿洲語讀如"halhūn"，意即「熱」，卷一〇七作「哈魯罕」，係宗室諸王，卷一二一作「忽魯渾」，並非一人。伊蘇瑪勒，蒙古語讀如"isu mal"，意即「九牲畜」，卷一〇七作「亦思蠻」。巴圖爾，蒙古語讀如"batur"，意即「勇」，卷一〇七作「拔都兒」，又作「八都兒」，係宗室諸王，卷一作「拔都魯」，卷四作「拔突兒」，又作「拔都」，卷十四作「八都兒」，卷六十五作「八都兒子」，卷一〇八作「八朵兒」，卷一一八作「八都魯」，卷一一九作「霸都魯」，並非一人。

　　阿哈，蒙古語讀如"aha"，意即「兄長」，卷一〇七作「阿海」，係宗室諸王，卷三十四作「阿禾」，並非一人。邁努，讀如"mainu"，卷一〇七作「買奴」。阿嚕，蒙古語讀如"aru"，意即「山陰」，卷四十作「阿魯」。伊克，蒙古語讀如"ike"，意即「大」，卷二作「野苦」，卷三作「也古」，卷一〇七作「也苦」，俱係宗室諸王。伊遜克，蒙古語讀如"isun ke"，意即「九華麗」，卷三作「亦孫哥」，卷六作「移相哥」，卷一二四作「也孫哥」，俱係宗室諸王。托歡，蒙古語讀如"tohon"，意即

「釜」，卷一○七作「脫忽」，係宗室諸王，卷一作「脫
虎」，卷三作「脫歡」，卷五作「土虎」，卷十一作「禿
渾」，卷一八六作「槀驪」，並非一人。阿爾噶額布根，
蒙古語讀如"arga ebugen"，意即「計策老人」，卷一○
七作「愛哥阿不干」。蘇都爾，蒙古語讀如"sudur"，意
即「史」，卷一○七作「勢都兒」，係宗室諸王，卷十四
作「夫都兒」，卷十八作「孫禿剌」，卷一一九作「碩篤
兒」，並非一人。班布爾實，蒙古語讀如"bambursi"，意
即「一歲熊」，卷十九作「八不沙」，又作「八卜沙」，
俱係宗室諸王。必埒古，蒙古語讀如"bilegu"，意即
「礪石」，卷一○七作「必烈虎」。鴻和爾，蒙古語讀如
"honghor"，意即「黃馬」，卷一○七作「黃兀兒」，係
宗室諸王，卷三作「晃兀兒」，卷十一作「忽哥兒」，卷十
八作「晃兀而」，卷九十九作「黃兀剌」，並非一人。

　　拜穆爾，蒙古語讀如"bai mur"，意即「路程踪跡」，
卷十二作「栢木兒」，卷一○七作「伯木兒」，俱係宗室
諸王。永隆特穆爾，蒙古語讀如"yungrung temur"，「永
隆」，唐古特語「卍」字，「特穆爾」，蒙古語「鐵」，
卷十三作「玉龍帖木兒」。巴爾特穆爾，蒙古語讀如"bar
temur"，意即「虎鐵」，卷一○七作「別兒帖木兒」。伊
嚕特穆爾，蒙古語讀如"iru temur"，意即「尋常鐵」，卷
二十一作「月魯鐵木而」，卷一○七作「月魯帖木兒」，
俱係宗室諸王。昂吉濟達，蒙古語讀如"anggi jida"，意即
「隊伍槍」，卷一○七作「按吉只歹」，卷一○八作「按只
吉歹」，俱係宗室諸王。哈坦，蒙古語讀如"hatan"，意
即「性暴」，卷一○七作「合丹」，係宗室諸王。卷二十七

作「哈丹」，卷一六五作「合伍」，並非一人。齊呼勒，蒙古語讀如 "cihūl"，意即「窄」，卷一〇七作「察忽剌」。呼魯古爾，蒙古語讀如 "hūlugūr"，意即「缺耳人」，卷四作「忽剌忽兒」，卷三十九作「忽剌灰」，卷一〇七作「忽列虎兒」，俱係宗室諸王，卷一三一作「忽魯忽兒」，卷一六九作「忽剌忽耳」，並非一人。圖烈納，蒙古語讀如 "tuliyena"，意即「燒柴」，卷二十二作「朶列納」，卷三十五作「朶列捏」，俱係宗室諸王，卷三十三作「都列捏」。呼喇珠，蒙古語讀如 "hūraju"，意即「集聚」，卷四作「忽剌出」。伊埒濟，蒙古語讀如 "ileji"，意即「已送」，卷一〇七作「也里只」。

瑪納濟，蒙古語讀如 "manaji"，意即「巡邏」，卷二十二作「木南子」，係宗室諸王，卷二十七作「木南即」，並非一人。普爾普，唐古特語讀如 "purpu"，意即「杵」，卷三十作「潑皮」。實納噶，蒙古語讀如 "sinaga"，意即「山崗」，卷一〇七作「勝納哈」。阿勒達爾默色，蒙古語讀如 "aldar mese"，意即「名譽器械」，卷一〇七作「阿答里迷失」。鄂端，蒙古語讀如 "odon"，意即「星」，卷一〇七作「斡端」。濟伯格，蒙古語讀如 "jibege"，意即「白鱒」，卷一〇七作「只不干」，係宗室諸王，卷十三作「只必哥」，並非一人。薩塔濟，蒙古語讀如 "sataji"，意即「舛誤」，卷一〇七作「撒答吉」。哈斯岱，蒙古語讀如 "hasdai"，意即「有玉」，卷一〇七作「哈失歹」。察察哩，滿洲語讀如 "cacari"，意即「涼棚」，卷一〇七作「察只剌」，係宗室諸王，同卷又作「挿只來」，卷一五一作「茶查剌」，並非一人。

托哩珠，蒙古語讀如“toriju”，意即「週圍」，卷一〇
七作「脫理出」。鄂囉台，蒙古語讀如“orotai”，意即
「有缺」，卷一〇七作「斡魯台」。額斯倫，蒙古語讀如
“esrun”，意即「梵天」，卷九十五作「也速魯」，卷一
〇七作「阿尤魯」，係宗室諸王，卷七十四作「也速倫」，
卷一二三作「阿木魯」，並非一人。阿雅噶齊，蒙古語讀如
“ayagaci”，意即「執碗人」，卷一〇七作「愛牙哈赤」。

　　塔齊爾，蒙古語讀如“tacir”，意即「瘠地」，卷四
作「塔察兒」，係宗室諸王，卷二十一作「塔察而」，卷
一二三作「脫察剌」，並非一人。特們德爾，蒙古語讀如
“temunder”，即「特穆爾」，意即「鐵」，卷一〇七作
「帖木迭兒」，係宗室諸王，卷二十二作「鐵木迭兒」，卷
一二七作「梯迷禿兒」，卷一三五作「的迷的兒」，並非
一人。哈巴爾圖，蒙古語讀如“habartu”，意即「有鼻」，
卷一〇七作「哈八兒都」。特克實，蒙古語讀如“teksi”，
意即「齊」，卷十五作「鐵失」，卷一〇七作「帖實」，
俱係宗室諸王。奇圖噶，蒙古語讀如“kituga”，意即「小
刀」，卷一〇七作「氣都哥」，係宗室諸王，卷一〇〇作
「乾鐵哥」，卷一二四作「吉登哥」，並非一人。奈曼岱，
蒙古語讀如“naimandai”，意即「有八」，卷九作「乃蠻
帶」，卷一〇七作「乃蠻台」，卷一〇八作「乃蠻歹」，
俱係宗室諸王，卷一一二作「乃蠻觡」，並非一人。額布
根，蒙古語讀如“ebugen”，意即「老人」，卷一〇七作
「也不干」，卷一二九作「阿卜干」，俱係宗室諸王。鄂
蘭濟勒台，蒙古語讀如“olan jiltai”，意即「多年」，卷一
〇七作「兀剌兒吉歹」。鄂斯歡，滿洲語讀如“oshon”，

意即「虐」，卷一〇七作「奧速海」。察拉該，蒙古語讀如 "calagai"，意即「迂」，卷一〇七作「察剌海」。博囉岱，蒙古語讀如 "borodai"，意即「有青色」，卷一〇七作「孛羅歹」，係宗室諸王，卷十四作「孛欒帶」，卷十五作「孛羅帶」，卷一〇〇作「孛羅觡」，卷一一八作「波欒歹」，卷二〇八作「蒲里岱也」，並非一人。

博克綽，蒙古語讀如 "bokco"，意即「皮包」，卷一〇七作「八乞出」。錫哩瑪勒，蒙古語讀如 "sirimal"，意即「絮甲」，卷一〇七作「襲剌謀」。伯勒齊，滿洲語讀如 "belci"，意即「癲子」，卷一〇七作「撥里吉」。必里克圖特穆爾，蒙古語讀如 "biliktu temur"，意即「有度量鐵」，卷一〇七作「別里帖帖木兒」。托迪，蒙古語讀如 "todi"，意即「鸚鵡」，卷一〇七作「脫帖」，係宗室諸王，卷五作「帖的」，卷二十一作「朶台」，卷二十六作「朶帶」，卷四十二作「朶觡」，卷九十三作「朶歹」，並非一人。圖卜特穆爾，蒙古語讀如 "tub temur"，意即「正鐵」，卷一〇七作「脫帖木兒」，係宗室諸王，卷二十一作「脫鐵木而」，卷二十四作「脫鐵木兒」，卷二十七作「圖帖穆爾」，卷二十九作「圖帖睦爾」，卷三十作「脫別帖木兒」，卷三十七作「禿帖木兒」，卷九十九作「脫別脫木」，並非一人。博囉，蒙古語讀如 "boro"，意即「青色」，卷九作「孛羅」，係宗室諸王，卷一〇〇作「不魯」，卷一五〇作「孛魯」，並非一人。綽勒漫，蒙古語讀如 "colmon"，意即「亮星」，卷一〇七作「搠魯蠻」。巴哩雅，蒙古語讀如 "bariya"，意即「欲執」，卷一〇七作「八里牙」。囊嘉特，蒙古語讀如 "nanggiyat"，意即「漢

人」，卷一〇七作「囊家」，係宗室諸王，卷三作「囊加台」，卷五作「南家帶」，卷八作「囊加帶」，卷二十三作「曩家帶」，卷四十六作「囊加」，卷九十八作「囊家觯」，卷一三一作「囊加歹」，並非一人。

烏嚕斯哈勒，蒙古語讀如 "urushal"，意即「流」，卷一〇七作「斡羅思罕」。實喇岱，蒙古語讀如 "siradai"，意即「有黃色」，卷一〇七作「思剌歹」。伊濟鴻和爾，蒙古語讀如 "iji honghor"，意即「全副黃馬」，卷一〇七作「也堅黃兀兒」。托克托，蒙古語讀如 "tokto"，意即「定」，卷二十一作「脫脫」，係宗室諸王，卷四作「脫兀脫」，卷十八作「禿禿」，卷二十二作「脫虎脫」，卷一五五作「土禿」，並非一人。茂海，蒙古語讀如 "moohai"，意即「貌陋」，卷三十二作「卯罕」。本巴，唐古特語讀如 "bomba"，意即「寶瓶」，卷一〇七作「本伯」，係宗室諸王，卷九作「不伯」，卷十七作「布伯」，卷一二〇作「補孛」，並非一人。伊濟，蒙古語讀如 "iji"，意即「全副」，卷十九作「也只」，卷二十九作「牙即」，俱係宗室諸王。布扎爾，蒙古語讀如 "bujar"，意即「污穢」，卷一〇七作「不只兒」，係宗室諸王，卷三作「不只兒」，卷八作「布只兒」，卷三十五作「卜咱兒」，卷一二二作「卜只兒」，又作「布智兒」，並非一人。實都，蒙古語讀如 "sidu"，意即「牙」，卷一〇七作「忻都」，係宗室諸王，卷二十四作「撒都」，卷九十五作「齊都」，並非一人。伊蘇布哈，蒙古語讀如 "isu buha"，意即「九牝牛」，卷一〇七作「也速不花」。昆布哈，蒙古語讀如 "kun buha"，意即「人牝牛」，卷二作「口溫不花」。罕

都呼，蒙古語讀如 "handuhū"，意即「向」，卷一〇七作「罕禿忽」。

　　卓多，蒙古語讀如 "jodo"，意即「擊」，卷四作「瓜都」，係宗室諸王，卷一作「斫答」，並非一人。穆爾濟達，蒙古語讀如 "mur jida"，意即「踪跡槍」，卷一〇七作「滅里吉歹」，卷一一七作「滅里吉台」，係一人。昂吉爾岱，蒙古語讀如 "anggirdai"，意即「有黃野鴨」，卷一〇七作「瓮吉剌歹」，係宗室諸王，卷九作「瓮吉剌帶」，卷二十六作「雍吉剌帶」，並非一人。呼喇濟，蒙古語讀如 "hūraji"，意即「已集聚」，卷一〇七作「霍歷極」，係宗室諸王，卷八作「忽郎吉」，卷一五九作「忽闌吉」，並非一人。特穆爾，蒙古語讀如 "temur"，意即「鐵」，卷六作「鐵穆爾」，卷一〇七作「帖木兒」，係宗室諸王，卷十四作「鐵木兒」，卷十一作「探馬禮」，卷十七作「鐵穆耳」，卷十八作「鐵木而」，卷一一九作「鐵木倫」，又作「特木兒」，並非一人。納延，蒙古語讀如 "nayan"，意即「八十」，卷一〇七作「乃顏」，係宗室諸王，卷十三作「乃顏」，卷二十七作「那顏」，卷一一九作「乃燕」，並非一人。呼爾察，蒙古語讀如 "hūrca"，意即「敏捷」，卷一〇七作「潰察」，係宗室諸王，卷一作「忽兒真」，並非一人。茂哲爾，蒙古語讀如 "moo jer"，意即「不善器械」，卷一〇七作「抹扎爾」。色埒默，蒙古語讀如 "seleme"，意即「順刀」，卷一〇七作「撒里蠻」，係宗室諸王，卷十作「赤里蠻」，卷二十七作「撒兒蠻」，卷九十八作「斜烈」，並非一人。

　　徹爾特穆爾，蒙古語讀如 "cer temur"，意即「潔淨

鐵」，卷一〇七作「徹里帖木兒」，係宗室諸王，卷十六作「徹里鐵木兒」，卷四十六作「車力帖木兒」，並非一人。達春，滿洲語讀如"dacun"，意即「敏捷」，卷一〇七作「塔出」，係宗室諸王，卷九十五作「塔丑」，並非一人。色徹肯，蒙古語讀如"seceken"，意即「略聰明」，卷十九作「薛闍罕」，卷二十九作「薛徹干」，卷一一八作「薛徹堅」，卷一五四作「薛闍干」，俱係宗室諸王。裕勒阿楚，唐古特語讀如"yul a cu"，意即「處所五水」，卷一〇七作「運按察」。徹爾台，蒙古語讀如"certai"，意即「有潔淨」，卷一〇七作「察兒台」，卷一〇八作「察里台」，係一人。巴圖，蒙古語讀如"batu"，意即「結實」，卷二作「拔都」，係宗室諸王，卷八作「八都」，卷十八作「伯禿」，卷二十三作「伯都」，卷一二四作「八都罕」，卷一五三作「孛禿」，卷一五七作「拔都」，並非一人。薩喇達，滿洲語讀如"sara da"，意即「掌傘總領」，卷一〇七作「撒里答」，係宗室諸王，卷一五四作「撒里答」，並非一人。孟克特穆爾，蒙古語讀如"mūngke temur"，意即「經常之經鐵」，卷一〇七作「忙哥帖木兒」，係宗室諸王，卷二十三作「忙哥鐵木兒」，卷一三四作「蒙哥鐵木」，並非一人。托克托孟克，蒙古語讀如"tokto mūngke"，意即「定經」，卷一〇七作「脫脫蒙哥」。

　　布呼，滿洲語讀如"buhū"，意即「鹿」，卷一〇七作「伯忽」，係宗室諸王，卷三十八作「敗狐」，卷一七三作「不灰」，並非一人。伊濟貝，蒙古語讀如"iji bui"，意即「有全副」，卷三十四作「月即別」。庫色勒，蒙古語讀如"kusel"，意即「欲」，卷一〇七作「寬撒」。

嘉鼐巴，唐古特語讀如"jiya naiba"，意即「漢人所在地」，卷一〇七作「札尼列」。伊蘇孟克，蒙古語讀如"isu mūngke"，意即「九經」，卷三作「也忙哥」，卷一〇七作「也速蒙哥」，俱係宗室諸王。哈喇實喇，蒙古語讀如"hara sira"，意即「僧俗」，卷一〇七作「合剌旭烈」。阿勒呼木，蒙古語讀如"alhūm"，意即「一步」，卷一〇七作「阿魯忽」，係宗室諸王，卷十八作「阿剌紅」，卷二十二作「阿里灰」，卷二十六作「阿魯忽」，並非一人。巴拉，梵語讀如"bala"，意即「守護」，卷五作「八剌」，係宗室諸王，卷一作「八剌」，並非一人。阿濟格，滿洲語讀如"ajige"，意即「小」，卷四作「阿只吉」。特穆爾布哈，蒙古語讀如"temur buha"，意即「鐵牡牛」，卷十八作「帖木而不花」，又作「鐵木兒不花」，卷二十九作「鐵木兒補化」，俱係宗室諸王，卷五十一作「帖木不花」，並非一人。滿濟勒噶，蒙古語讀如"manjilga"，意即「瓔珞」，卷二十三作「買住韓」，係宗室諸王，卷二十七作「馬扎罕」，卷三十作「買住罕」，卷一〇〇作「馬扎兒」，並非一人。

呼圖克特穆爾，蒙古語讀如"hūtuk temur"，意即「福鐵」，卷一〇七作「忽都鐵木兒」。齊勒特穆兒，蒙古語讀如"cikin temur"，意即「耳鐵」，卷九十八作「赤因帖木兒」，係宗室諸王，卷二十二作「赤因鐵木兒」，卷二十七作「赤斤鐵木兒」，並非一人。阿南達實哩，梵語讀如"ananda siri"，意即「阿難威」，卷一〇七作「南答失里」，卷一一四作「阿難達失里」，俱係宗室諸王，卷一四〇作「按南答識理」，並非一人。圖喇，滿洲語讀如

"tura"，意即「柱」，卷二十二作「禿剌」。喇特納實哩，梵語讀如 "ratna siri"，意即「寶威」，卷二十三作「阿剌忒納失里」，卷二十九作「阿剌納失里」，卷一〇八作「阿忒思納失里」，俱係宗室諸王。達爾瑪，梵語讀如 "darma"，意即「法」，卷一〇七作「答兒麻」，係宗室諸王，卷三十五作「答里馬」，卷四十七作「答你麻」，卷一二〇作「達理麻」，卷二〇五作「答剌馬」，並非一人。呼魯岱，蒙古語讀如 "hūludai"，意即「有麅」，卷九作「忽魯帶」，卷一〇七作「忽魯歹」，俱係宗室諸王。帕克巴拉，唐古特語讀如 "pakba la"，意即「聖神」，卷二十作「八八剌」，係宗室諸王，卷十三作「伯八剌」，並非一人。額默根，蒙古語讀如 "emegen"，意即「老嫗」，卷二十作「也滅干」，係宗室諸王，卷三十五作「也木干」，卷一一九作「也蔑干」，並非一人。

　巴拜，蒙古語讀如 "babai"，意即「寶貝」，卷七作「八八」，係宗室諸王，卷四十五作「保保」，卷四十六作「**寶寶**」，卷九十五作「伯八」，卷一一五作「伯必」，卷一六二作「巴八」，卷一六六作「八把」，並非一人。巴爾達噶，蒙古語讀如 "bardaga"，意即「儘足」，卷七作「拜答寒」，卷十作「拜答罕」，卷一〇七作「伯答罕」，俱係宗室諸王，卷一一三作「八都哥」，並非一人。烏塔蘇特穆爾，蒙古語讀如 "udasu temur"，意即「鐵絲」，卷一〇七作「兀禿思帖木兒」。哈布爾特穆爾，蒙古語讀如 "habur temur"，意即「春鐵」，卷一〇七作「合賓帖木兒」，係宗室諸王，卷二十七作「哈賓鐵木兒」，並非一人。多爾濟巴勒，唐古特語讀如 "dorji bal"，意即「金剛

威」，卷一〇七作「朵兒只班」，係宗室諸王，卷二十二作
「朵兒只八」，卷三一作「朵來只班」，卷四十一作「朵兒
直班」，卷二〇二作「朵家班」，並非一人。孟格圖，蒙古
語讀如"menggetu"，意即「有痣」，卷三作「蒙哥都」，
又作「莫哥都」，俱係宗室諸王，卷六作「忙哥都」，並非
一人。哲伯特穆爾，蒙古語讀如"jebe temur"，意即「梅
針箭鐵」，卷四作「只必帖木兒」，卷一二六作「執畢帖木
兒」，俱係宗室諸王。特伯林，滿洲語讀如"tebeliyen"，
意即「一抱」，卷一〇七作「帖必烈」。奇爾婁，蒙古語讀
如"kir lui"，意即「斑點龍」，卷一〇七作「曲烈」，係
宗室諸王，卷二十一作「曲而魯」。琳沁，唐古特語讀如
"rincin"，意即「寶」，卷十九作「亦憐真」，係宗室諸
王，卷三作「剌真」，卷八作「亦鄰真」，卷九作「益憐
真」，卷十作「亦憐吉」，卷一三四作「臘真」。

　　拜特穆爾，蒙古語讀如"bai temur"，意即「不動
鐵」，卷十二作「別帖木兒」，卷一〇七作「伯帖木兒」，
俱係宗室諸王，卷十六作「別鐵木兒」，卷二十作「別鐵
木而」，卷二十三作「伯鐵木兒」，卷四十一作「拜帖木
兒」，卷一九六作「栢帖穆爾」，並非一人。伊蘇額布
根，蒙古語讀如"isu ebuge"，意即「九老人」，卷三十
作「也速也不干」。實勒們，滿洲語讀如"silmen"，意即
「鸇」，卷二作「失烈門」，卷四作「襲剌門」，卷十二作
「昔烈門」，俱係宗室諸王，卷九作「昔里門」，卷二十七
作「失列門」，卷三十一作「識烈門」，卷四十四作「實理
門」，卷一四二作「識里木」，並非一人。博囉齊，蒙古語
讀如"boroci"，意即「厨官」，卷一〇七作「孛羅赤」，

係宗室諸王，卷十作「博兒赤」，卷一三八作「孛倫赤」，並非一人。哈達，蒙古語讀如 "hada"，意即「山峰」，卷一〇七作「哈歹」，係宗室諸王，卷二作「合達」，卷三作「合答」，卷十五作「合的」，卷十六作「合帶」，卷三十三作「哈的」，卷五十九作「哈觶」，卷一〇〇作「哈答」，並非一人。鄂爾和，滿洲語讀如 "orho"，意即「草」，卷十三作「阿魯灰」，係宗室諸王，卷四十二作「阿兒灰」。伊蘇布爾罕，蒙古語讀如 "isu burhan"，意即「九佛」，卷二十一作「也速不干」。

伊伯格濟，蒙古語讀如 "ibegeji"，意即「已依靠」，卷一〇七作「月別吉」。實喇卜多爾濟，唐古特語讀如 "sirab dorji"，意即「聰明金剛」，卷一〇七作「沙藍朵兒只」，係宗室諸王，卷一〇八作「沙藍朵兒」。徹伯爾，蒙古語讀如 "ceber"，意即「潔淨」，卷十二作「出伯」，卷一〇七作「察八兒」，俱係宗室諸王，卷二十作「察八而」，卷二十九作「怯別」，卷五十八作「怯伯」，卷一〇〇作「赤班」，卷一六一作「怯必烈」，並非一人。諤勒哲特穆爾，蒙古語讀如 "ūljei temur"，意即「壽鐵」，卷一〇七作「完者帖木兒」。呼喇台，蒙古語讀如 "hūratai"，意即「有雨」，卷二十九作「忽剌台」，係宗室諸王，卷一六九作「忽里台」，並非一人。多爾濟，唐古特語讀如 "dorji"，意即「金剛」，卷一〇七作「覩爾赤」，係宗室諸王，卷十三作「朵兒只」，卷三十六作「朵魯知」，卷一二一作「篤爾只」，卷一五四作「朵耳只」，卷一八三作「鐸爾直」，卷二〇二作「朵栗赤」，並非一人。伊德爾，蒙古語讀如 "ider"，意即「壯年」，卷

一○七作「也迭兒」。約蘇圖，蒙古語讀如"yosutu"，意即「有道理」，卷一○七作「也孫脫」，係宗室諸王，卷三作「葉孫脫」，並非一人。和尼，蒙古語讀如"honi"，意即「羊」，卷一○七作「火你」。呼魯蘇，蒙古語讀如"hūlusu"，意即「蘆葦」，卷二十三作「火郎撒」，係宗室諸王，卷九作「忽林失」，卷一○○作「火羅思」，卷一六九作「忽剌思」，並非一人。

耀珠，讀如"yooju"，卷一○七作「咬住」，係宗室諸王，卷十七作「齩住」，並非一人。阿海，蒙古語讀如"ahai"，意即「兄長」，卷一○七作「那海」，係宗室諸王，卷三作「訥懷」，卷四作「奴懷」，卷十二作「那懷」，並非一人。桑節巴勒，唐古特語讀如"sangjiye bal"，意即「佛威」，卷一○七作「星吉班」。托和，滿洲語讀如"toho"，意即「半大羼」，卷一○七作「脫忽」。溫都爾，蒙古語讀如"ūndur"，意即「高」，卷一○七作「俺都剌」，係宗室諸王，卷三作「暗都剌」，卷一一八作「兀塔兒」，卷一五三作「奧都爾」，並非一人。圖們，蒙古語讀如"tumen"，意即「萬」，卷二十二作「禿滿」。特穆爾齊，蒙古語讀如"temurci"，意即「司鐵人」，卷三十五作「帖木兒赤」。雅爾嘉勒燦，唐古特語讀如"yar jiyalts'an"，意即「上幢旛」，卷一○七作「亦兒監藏」。諤勒哲額布根，蒙古語讀如"ūljei ebugen"，意即「壽老人」，卷三十五作「完者也不干」。圖魯，蒙古語讀如"turu"，意即「頭目」，卷七作「禿魯」。額呼布格，蒙古語讀如"ere būge"，意即「男巫」，卷一○七作「阿里不哥」。阿布哈，滿洲語讀如"abuha"，意即「薺

菜」，卷一〇七作「阿八哈」，係宗室諸王，卷八作「阿
不合」，卷十八作「阿布花」，並非一人。琳沁多爾濟，
唐古特語讀如"rincin dorji"，意即「寶金剛」，卷一〇七
作「亦憐真朵兒只」，卷一〇八作「亦憐真多兒加」，俱
係宗室諸王。格藏，唐古特語讀如"ge dzang"，意即「福
好」，卷二十一作「合贊」。哈喇班第，蒙古語「哈喇」，
讀如"hara"，意即「黑色」，唐古特語「班第」，讀如
"bandi"，意即「小僧」，卷二十一作「合而班答」，卷一
〇七作「哈兒班答」，俱係宗室諸王。

　　琳沁班第，唐古特語讀如"rincin dorji"，意即「寶小
僧」，卷一〇七作「亦憐真八的」。納古爾，蒙古語讀如
"nagūr"，意即「池」，卷二十四作「南忽里」，係宗室
諸王，卷二十一作「納忽里」，並非一人。裕木和爾，唐古
特語讀如"yum h'or"，意即「母蒙古」，卷一〇七作「玉
木忽爾」。鼐喇古布哈，蒙古語讀如"nairagū buha"，意
即「溫良牝牛」，卷一〇七作「乃剌忽不花」。拉爾干實
格，唐古特語讀如"larg'an šige"，意即「老僧四福」，卷
一〇七作「剌甘失甘」。巴延特穆爾，蒙古語讀如"bayan
temur"，意即「富鐵」，卷三十四作「卜顏帖木兒」，卷
一〇七作「孛顏帖木兒」，俱係宗室諸王，卷十八作「不
顏帖木而」，卷十九作「伯顏帖木而」，卷二十六作「不
顏鐵木兒」，卷四十二作「伯顏帖木兒」，並非一人。永和
爾，蒙古語讀如"yonghor"，意即「絨」，卷十九作「要
木忽而」，又作「藥木忽而」，又作「岳木忽而」，卷一〇
七作「藥木忽兒」，俱係宗室諸王，卷十五作「要忽兒」，
並非一人。特穆爾圖，蒙古語讀如"temurtu"，意即「有

鐵」，卷一〇七作「鐵木兒脫」。實喇卜嘉勒，唐古特語「實喇卜」讀如“sirab”，意即「聰明」，「嘉勒」讀如“jiyal”，意即「勝」，卷一〇七作「薛必烈傑兒」。伊克圖，蒙古語讀如“iketu”，意即「有大」，卷十六作「牙忽都」，卷十八作「阿忽禿」，卷一三八作「牙忽禿」，俱係宗室諸王。托里特穆爾，蒙古語讀如“toli temur”，意即「鏡鐵」，卷二十作「脫列鐵木兒」，卷一〇七作「脫烈鐵木兒」，俱係宗室諸王。雅克特穆爾，蒙古語讀如“yak temur”，意即「結實鐵」，卷一〇七作「燕帖木兒」，係宗室諸王，卷二十五作「燕鐵木兒」，卷四十五作「也帖木兒」，並非一人。

蘇克特穆爾，蒙古語讀如“suke temur”，意即「斧鐵」，卷十九作「速哥帖木兒」。多羅布哈，蒙古語讀如“dolo buha”，意即「七牡牛」，卷一〇七作「朵羅不花」。昌通，唐古特語讀如“cang tung”，意即「飲酒」，卷四作「昌童」。布延穆爾，蒙古語讀如“buyan mur”，意即「福踪跡」，卷一〇七作「伯顏木兒」。蘇布特，蒙古語讀如“subut”，意即「珍珠」，卷一〇七作「速不歹」，係宗室諸王，卷二作「速不台」，卷二十五作「雪別台」，卷一二二作「唆伯台」，又作「速不帶」，卷一四九作「速不台」，卷一五三作「速不觸」，並非一人。海拉蘇，蒙古語讀如“hailasu”，意即「榆樹」，卷一〇七作「哈魯孫」，係宗室諸王，卷十作「海剌孫」，並非一人。伊蘇伯奇，蒙古語讀如“isu beki”，意即「九堅固」，卷二十九作「也速不堅」。瑪勒額森，蒙古語讀如“mal esen”，意即「牲畜平安」，卷一〇七作「買閭也先」。諤勒哲，蒙古

語讀如"ūljei"，意即「壽」，卷一〇七作「完澤」，係宗室諸王，卷二十作「完者」，卷四十七作「完哲」，並非一人。齊齊克圖，蒙古語讀如"ciciktu"，意即「有花」，卷二十七作「徹徹禿」，係宗室諸王，卷二〇八作「徹徹都」，並非一人。

烏魯斯布哈，蒙古語讀如"ulus buha"，意即「國牝牛」，卷一〇七作「兀魯思不花」，係宗室諸王，卷八作「兀魯失不花」，卷十九作「兀魯而不花」，卷一三五作「兀魯不花」，並非一人。鴻和特穆爾，蒙古語讀如"hongho temur"，意即「鈴鐵」，卷二十六作「晃火鐵木兒」，卷二十九作「晃火帖木兒」，係一人。和爾和，滿洲語讀如"horho"，意即「櫃」，卷二十八作「火魯灰」，卷三十作「火兒灰」，卷一〇七作「火兒忽」，俱係宗室諸王，卷一三四作「火和」，並非一人。達實伊實德，唐古特語讀如"dasi isi de"，意即「吉祥智慧安」，卷一〇七作「答沙亦思的」。阿南達，梵語讀如"ananda"，意即「阿難」，卷十三作「阿難答」。阿勒坦布哈，蒙古語讀如"altan buha"，意即「金牝牛」，卷十四作「按攤不花」，卷一〇七作「按檀不花」，俱係宗室諸王。額森特穆爾，蒙古語讀如"esen temur"，意即「平安鐵」，卷十三作「也先帖木兒」，係宗室諸王，卷十四作「也先鐵木兒」，卷十八作「也先帖木而」，卷二十七作「也仙帖木兒」，並非一人。諤特古布忙，蒙古語讀如"ūtegu buha"，意即「老牝牛」，卷三十作「也的古不花」。巴特瑪德沁，唐古特語讀如"batma decin"，意即「蓮花大安」，卷一〇七作「八的麻的加」。婁達袞，蒙古語讀如"luo dagūn"，意即「龍聲

音」，卷一〇七作「老的罕」。

吹巴勒，唐古特語讀如 "coi bal"，意即「法威」，卷二十一作「搠思班」。袞噶巴勒，唐古特語讀如 "gung'a bal"，意即「普喜威」，卷一〇七作「貢哥班」。阿迪斯納蘇拉，蒙古語讀如 "adis nasula"，意即「攝授享壽」，卷一〇七作「阿忒思納失里」。策巴，唐古特語讀如 "ts'eba"，意即「長壽」，卷一〇七作「乞八」。伊爾哲伯，蒙古語讀如 "ir jebe"，意即「刃梅針箭」，卷一〇七作「亦只班」。色徹圖，蒙古語讀如 "secetu"，意即「有聰明」，卷十四作「薛徹都」，卷二十八作「闍闍禿」，卷二十九作「薛徹禿」，俱係宗室諸王。阿都齊，蒙古語讀如 "aduci"，意即「牧馬人」，卷一〇七作「阿都赤」，係宗室諸王，卷九作「阿塔赤」，卷十作「阿答赤」，卷一九八作「哈都赤」，並非一人。婁章，蒙古語讀如 "luo jang"，意即「龍性情」，卷二十三作「老章」。曼濟，蒙古語讀如 "manji"，意即「牝麋」，卷一〇七作「蠻子」。布達實哩，梵語讀如 "buda siri"，意即「佛威」，卷二十四作「不答失里」，係宗室諸王，卷四十一作「不達失里」，卷一二七作「普達失理」，並非一人。圖卜布哈，蒙古語讀如 "tub buha"，意即「正牡牛」，卷二十三作「脫不花」。庫春布哈，蒙古語讀如 "kucun buha"，意即「力牡牛」，卷三十作「寬徹不花」，卷四十二作「寬徹普化」，俱係宗室諸王。

塔斯特穆爾，蒙古語讀如 "tas temur"，意即「性烈鐵」，卷一〇七作「答帖木兒」，並非一人。報恩努，讀如 "boo en nu"，卷一一七作「報恩奴」。節岱努，讀

如“jiyedainu”，卷一一七作「接待奴」。佛嘉努，讀如
“fogiyanu”，卷一一七作「佛家奴」。博囉布哈，蒙古語
讀如“boro buha”，意即「青色牡牛」，卷三十三作「孛
羅不花」，係宗室諸王，卷一三四作「博羅普花」，並非一
人。阿巴額不根，蒙古語讀如“aba ebugen”，意即「圍老
人」，卷一〇七作「阿八也不干」。巴拉多爾濟，梵語「巴
拉」讀如“bala”，意即「守護」，唐古特語「多爾濟」讀
如“dorji”，意即「金剛」，卷一〇七作「八魯朵而只」。
旺沁，唐古特語讀如“wangcin”，意即「大權」，卷二十
九作「王禪」，卷一〇九作「斡臣」，俱係宗室諸王，卷
一一八作「斡陳」，並非一人。巴拉實哩，梵語讀如“bala
siri”，意即「守護威」，卷二十九作「八剌失里」。博囉
特穆爾，蒙古語讀如“boro temur”，意即「青色鐵」，卷
一〇七作「孛羅帖木兒」，係宗室諸王，卷二十二作「孛羅
鐵木兒」，並非一人。唐古特，蒙古語讀如“tanggūt”，意
即「西番」，卷一〇七作「唐兀台」，係宗室諸王，卷九
作「唐兀帶」，並非一人。達爾瑪實哩，梵語讀如“darma
siri”，意即「法威」，卷三十六作「答兒馬失里」，卷四
十一作「答爾麻失里」，卷四十三作「答兒麻失里」，卷一
〇七作「答兒蠻失里」，俱係宗室諸王，卷三十二作「答里
麻失里」，並非一人。

　　特穆爾，蒙古語讀如“temur”，意即「鐵」，表中
人名頗多以「特穆爾」為名者，永隆特穆爾（yungrung
temur），意即「卍字鐵」，巴爾特穆爾（bar temur），意
即「虎鐵」，伊嚕特穆爾（iru temur），意即「尋常鐵」，
特們德爾（temurder），即「特穆爾」，必里克圖特穆爾

（biliktu temur），意即「有度量鐵」，圖卜特穆爾（tub temur），意即「正鐵」，徹爾特穆爾（cer temur），意即「潔淨鐵」，孟克特穆爾（mūngke temur），意即「經常之經鐵」，呼圖克特穆爾（hūtuk temur），意即「福鐵」，齊勤特穆爾（cikin temur），意即「耳鐵」，烏塔蘇特穆爾（utasu temur），意即「鐵絲」，哈布爾特穆爾（habur temur），意即「春鐵」，哲伯特穆爾（jebe temur），意即「梅針箭鐵」，拜特穆爾（bai temur），意即「不動鐵」，諤勒哲特穆爾（ūljei temur），意即「壽鐵」，特穆爾齊（temurci），意即「司鐵人」，巴延特穆爾（bayan temur），意即「富鐵」，托里特穆爾（toli temur），意即「鏡鐵」，雅克特穆爾（yak temur），意即「結實鐵」，特穆爾圖（temurtu），意即「有鐵」，蘇克特穆爾（suke temur），意即「斧鐵」。鴻和特穆爾（hongho temur），意即「鈴鐵」，額森特穆爾（esen temur），意即「平安鐵」，塔斯特穆爾（tas temur），意即「性烈鐵」，博囉特穆爾（boro temur），意即「青色鐵」，從人名命名習俗，可以說明其特色。

巴達	迪	齊哩克齊	綽	超爾必濟	昂	托斯和	斯
滿洲語張大也卷一作把帶	阿隨	當兵人也卷一作乞力失卷一百三十七作闍里赤併改	伊綽羅羅	超爾茹也必濟婦人也卷一作抄爾伯姬	對偉儞爾	莊屯也卷一作禿撒和卷十作禿速忽併改	斯和

欽定元史語解卷十

人名

ᠲᠠᠮᠤᠷ 托本默爾根

卷一作脱奔咩哩犍 今從蒙古源流改正

ᠲᠠᠮᠤᠷ 特穆津 鐵之最精者 卷一作鐵木真

ᠲᠠᠮᠤᠷ 額駙伊齊因

ᠲᠠᠮᠤᠷ 塔爾巴哈台

塔爾巴哈獺也台有 也卷一作塔兒不台

十、《欽定元史語解》人名（二）

《欽定元史語解‧人名》滿漢對照表

順次	滿洲語	漢 字	羅馬拼音	詞 義
1		托本 默爾根	tobun mergen	
2		特穆津	temujin	蒙古語， 最精之鐵
3		塔爾巴 哈台	tarbagatai	蒙古語， 有獺
4		托多 呼爾察	todo hūrca	蒙古語， 明白敏捷
5		綽奇	coki	擊

順次	滿洲語	漢　字	羅馬拼音	詞　義
6		托台 奇爾	totai kir	蒙古語， 稀少斑點
7		裕勒	yul	唐古特語， 地方
8		塔海 達魯	tahai dalu	蒙古語， 小琵琶骨
9		齊拉袞	cilagūn	蒙古語， 石
10		哲伯	jebe	蒙古語， 梅針箭
11		錫呼格	sirege	蒙古語， 牀
12		色辰 岱酬	secen daiceo	蒙古語， 聰明 調兵者
13		色辰 伯奇	secen beki	蒙古語， 聰明堅固

順次	滿洲語	漢　字	羅馬拼音	詞　義
14		伊佰格勒	ibegel	蒙古語，保佑
15		實奇爾	sikir	蒙古語，冰糖
16		布　琳	burin	蒙古語，全
17		和里察	holica	蒙古語，攪和
18		摩古津掃哩圖	mogujin saoritu	蒙古語，有圓機
19		扎實甘布	jasi g'ambu	唐古特語，吉祥老
20		托里	toli	蒙古語，鏡

順次	滿洲語	漢　字	羅馬拼音	詞　義
21		呼 爾 察 和 斯 必 瑠	hūrca hos bilio	蒙古語， 敏捷 雙礶
22		珠 爾	jur	蒙古語， 麢
23		額 爾 克 哈 喇	erke hara	蒙古語， 權黑色
24		伊納克齊	inakci	蒙古語， 親和人
25		博 囉 汗	boro han	蒙古語， 青色 君長
26		額 特 圖 博 囉	ettu boro	蒙古語， 有財 青色
27		齊 蘇	cisu	蒙古語， 血

順次	滿洲語	漢　字	羅馬拼音	詞　義
28		實巴爾	sibar	蒙古語，泥
29		伊勒哈	ilha	滿洲語，花
30		布爾古特	burgut	蒙古語，鵰
31		保爾濟	boorji	蒙古語，兩代奴
32		穆呼哩	muhūri	滿洲語，磨去稜角
33		博羅罕	borohan	蒙古語，微青色
34		哈扎爾	hajar	蒙古語，轡
35		杭呼	hanghū	蒙古語，足
36		岱音	dain	蒙古語，敵
37		阿敦 愛實	adun aisi	滿洲語，牧群利

順次	滿洲語	漢字	羅馬拼音	詞義
38		伊克托爾	ike toor	蒙古語,大簪綱
39		敖拉溫都爾	aola ūndur	蒙古語,山高
40		楚勒罕	culgan	蒙古語,閱兵
41		塔海罕	tahaihan	蒙古語,微小
42		超爾	coor	蒙古語,笳
43		阿勒坦	altan	蒙古語,金
44		呼濟爾	hūjir	蒙古語,鹻
45		達哩台	daritai	蒙古語,有大藥
46		托斯和	tosho	蒙古語,莊屯

順次	滿洲語	漢　字	羅馬拼音	詞　義
47		超　扁 必　濟	coor biji	蒙古語， 笰婦人
48		齊哩克齊	cirikci	蒙古語， 當兵人
49		巴　達	bada	滿洲語， 張大
50		哲哩木	jerim	蒙古語， 馬韁繩
51		阿里哈	aliha	滿洲語， 承受
52		巴勒噶特	balgat	蒙古語， 城
53		訥袞	negun	蒙古語， 移徙
54		呼都拉	hūdula	滿洲語， 令其急
55		布　圖	butu	滿洲語， 幽暗
56		廸延汗	diyan han	蒙古語， 禪定君長

順次	滿洲語	漢字	羅馬拼音	詞義
57		阿嚕 哈斯	aru has	蒙古語， 山陰玉
58		鄂齊錦	ocigin	蒙古語， 三角竈
59		呼必哩	hūbiri	蒙古語， 全收
60		阿林	alin	滿洲語， 山
61		呼圖克 伯奇	hūtuk beki	蒙古語， 福堅固
62		呼魯蘇 伯奇	hūlusu beki	蒙古語， 蘆葦 堅古
63		岱爾 諤遜	dair ūsun	蒙古語， 牡鹿毛
64		博爾歡	borhon	滿洲語， 秫稭攢

順次	滿洲語	漢　字	羅馬拼音	詞　義
65		錫伯	sibe	蒙古語，寨柵
66		庫楚類	kuculei	蒙古語，用力
67		罕布海	hambuhai	
68		保喇	boora	蒙古語，雄駝
69		威明	weiming	
70		額特	et	蒙古語，財
71		阿爾斯蘭汗	arslan han	蒙古語，獅君長
72		伊都呼	iduhū	蒙古語，緊束
73		達實	dasi	唐古特語，吉祥
74		常格	cangge	回語，鳥巢

順次	滿洲語	漢 字	羅馬拼音	詞 義
75		瑠 格	lioge	
76		紏 堅	giogiyan	滿洲語， 緊束
77		齊 奇	ciki	蒙古語， 耳
78		克特卜齊	ketebci	蒙古語， 火鐮包
79		呼 沙 呼	hūšahū	滿洲語， 鷗鴞
80		烏 蘭 巴 爾	ulan bar	蒙古語， 紅色虎
81		旺 沁 諾 延	wangcin noyan	唐古特語， 大權官長
82		卓 齊 特 博 恰	jocit bokiya	蒙古語， 眾客 身笨

順次	滿洲語	漢　字	羅馬拼音	詞　義
83		博　特	bot	唐古特語，西番
84		薩　木　哈	samha	滿洲語，痣
85		齊　錦	cigin	
86		伊　勒　都　呼	ilduhū	舊蒙古語，安撫
87		烏　頁　爾	uyer	蒙古語，澇
88		呼　圖　克	hūtuk	蒙古語，福
89		伊　奇　哩	ikiri	滿洲語，一連
90		奇　珠	kiju	蒙古語，做
91		萬　努	wannu	
92		實　沙	siša	滿洲語，腰鈴

順次	滿洲語	漢　字	羅馬拼音	詞　義
93		色爾 濟特 鄂	serji ot	唐古特語，金光
94		富勒呼	fulhū	滿洲語，口袋
95		特爾格	terge	蒙古語，車
96		布 琳 都爾 伯	burin durbe	蒙古語，全四
97		禄格	luge	
98		浩 沁 扎 拉	haocin jala	蒙古語，舊帽纓
99		哈 濟爾 濟 蘭 圖	hajir jirantu	蒙古語，鷲有六十

順次	滿洲語	漢　字	羅馬拼音	詞　義
100		孟　古	munggu	蒙古語， 銀
101		扎拉鼎	jaladin	蒙古語， 回人名
102		瑪里克 汗	malik han	回語， 物主君長
103		實勒噶 克繳昆	silgaksan kun	蒙古語， 已選之人
104		岱遜	daisun	蒙古語， 讎敵
105		愛新	aisin	滿洲語， 金
106		哈昭	hajao	蒙古語， 旁邊
107		阿古	agu	滿洲語， 兄長

順次	滿洲語	漢　字	羅馬拼音	詞　義
108		阿固岱	agūdai	蒙古語， 有寬闊
109		瑪哈 穆第哈 喇斯密	maha mudih'a rasmi	梵語， 大 珠 光
110		多果朗	dogolang	蒙古語， 瘸
111		綽布干	cobugan	蒙古語， 便捷
112		珠順	jušun	滿洲語， 酸水
113		薩里台	salitai	蒙古語， 有地弩
114		伯奇	beki	蒙古語， 堅固
115		布哈	buha	蒙古語， 牤牛

順次	滿洲語	漢　字	羅馬拼音	詞　義
116		額爾克	erke	蒙古語，權
117		色埒	sele	滿洲語，鐵
118		納新	nasin	滿洲語，羆
119		薩尼雅布	saniyabu	滿洲語，舒展
120		阿齊台	acitai	蒙古語，有恩
121		阿克棟阿	akdungga	滿洲語，信實
122		呼圖克諾延	hūtuk noyan	蒙古語，福官長
123		達海甘布	dahai g'ambu	蒙古語，古人名

順次	滿洲語	漢 字	羅馬拼音	詞 義
124		扎 拉 呼	jalahū	蒙古語， 請
125		玖 珠	gioju	
126		古 裕	guyu	唐古特語， 檳榔
127		博 囉 台	borotai	蒙古語， 有青色
128		庫 勒 格	kulge	蒙古語， 乘
129		徹 庫	ceku	滿洲語， 鞦韆
130		察 罕 台 丹 津	cagantai danjin	有白色 掌教
131		罕 扎	hanja	滿洲語， 廉
132		昂 吉 諾 延	anggi noyan	蒙古語， 隊官長

順次	滿洲語	漢　字	羅馬拼音	詞　義
133		青諾延	cing noyan	蒙古語，誠官長
134		和濟斯蘇	hos jisu	蒙古語，雙顏色
135		巴齊瑪克	bacimak	蒙古語，猝然
136		摩和納	mohona	蒙古語，窮盡
137		塔斯	tas	蒙古語，皂鵰
138		溫都爾哈瑪爾	ūndur hamar	蒙古語，高鼻
139		伊囉斡齊	irowaci	蒙古語，先知人

順次	滿洲語	漢字	羅馬拼音	詞義
140		伊勒吉濟達	ilgi jida	蒙古語，去毛皮槍
141		伊克門都爾	ike mundur	蒙古語，大雹
142		穆格	muge	蒙古語，彎曲
143		綏克	suike	蒙古語，耳墜
144		烏蘭哈達	ulan hada	蒙古語，紅色山峰
145		薩納台	sanatai	蒙古語，有見識
146		伯爾克	berke	蒙古語，險
147		托海特穆爾	toohai temur	蒙古語，帶飾鐵

順次	滿洲語	漢　字	羅馬拼音	詞　義
148		伊克 托歡	ike tohon	蒙古語，大釜
149		巴哩濟	bariji	蒙古語，執掌
150		實喇	sira	蒙古語，黃色
151		孟克 薩勒	mūngke sal	經常 明白
152		布琳 哈扎爾	burin hajar	蒙古語，全轡
153		布琳 濟達	burin jida	蒙古語，全槍
154		塔爾	tar	蒙古語，毛稍
155		鄂勒博	olbo	滿洲語，馬褂

順次	滿洲語	漢 字	羅馬拼音	詞 義
156		察球爾	cakior	蒙古語，火石
157		賽音 諤德齊	sain ūdeci	蒙古語，好精壯人
158		博勒和	bolgo	滿洲語，潔淨
159		阿勒達爾	aldar	蒙古語，名譽
160		都特達喇	dutdara	梵語，救渡
161		鷁密鼐	naijymidin	蒙古語，回人名
162		塔喇海	tarahai	蒙古語，毛稀
163		巴蘇呼	basuhū	蒙古語，邈視
164		烏遜	usun	蒙古語，水

順次	滿洲語	漢　字	羅馬拼音	詞　義
165		阿哈瑪特	ahamat	蒙古語，長子
166		伊德實	idesi	蒙古語，食物
167		諤爾根	ūrgen	蒙古語，寬
168		帕哈哩鼎	paharidin	回語，賤
169		察罕伊爾根	cagan irgen	蒙古語，白色民
170		丹達爾	dandar	唐古特語，廣教
171		和爾台	hortai	蒙古語，有捧軾
172		昌吉	canggi	蒙古語，園圃
173		卓諾	jono	滿洲語，提撕
174		奇凌	kiling	蒙古語，怒氣

順次	滿洲語	漢 字	羅馬拼音	詞 義
175		阿勒楚爾	alcur	蒙古語，手巾
176		綱阿塔	gangata	滿洲語，身高
177		阿薩爾	asar	蒙古語，閣
178		和塔拉	h'otala	蒙古語，普遍
179		揚珠濟達	yangju jida	蒙古語，儀表槍
180		奇塔特布哈	kitat buha	蒙古語，漢人牤牛
181		格丹	gedan	唐古特語，福全
182		伊蘇布琳	isu burin	蒙古語，九全
183		呼齊納	hūcina	蒙古語，遮蓋

順次	滿洲語	漢字	羅馬拼音	詞義
184		和斯圖	hostu	蒙古語，有雙
185		托羅該薩勒	tologai sakil	蒙古語，頭戒律
186		特格	tege	
187		特爾格齊	tergeci	蒙古語，車夫
188		庫庫楚	kukucu	蒙古語，藍靛

資料來源：《欽定四庫全書》，「史部」，《欽定元史語解》，卷十。

　　表中人名托本默爾根，語解從《蒙古源流》改正，讀如"tobun mergen"，卷一作「脫奔咩哩犍」。特穆津，蒙古語讀如"temujin"，意即「鐵之最精者」，卷一作「鐵木真」。塔爾巴哈台，蒙古語讀如"tarbagatai"，意即「有獺」，卷一作「塔兒不台」。托多呼爾察，蒙古語讀如"todo hūrca"，意即「明白敏捷」，卷一作「脫端火兒真」。綽奇，蒙古語讀如"coki"，意即「擊」，卷一作「搠只」。托台奇爾，蒙古語讀如"totai kir"，意即「稀少斑點」，卷一作「禿台察兒」，卷三作「禿塔察

兒」。裕勒，唐古特語讀如"yul"，意即「地方」，卷一作「玉律」。塔海達魯，蒙古語讀如"tahai dalu"，意即「小琵琶骨」，卷一作「塔海答魯」。齊拉袞，蒙古語讀如"cilagūn"，意即「石」，卷一作「赤老溫」，卷一一三作「亦老溫」。哲伯，蒙古語讀如"jebe"，意即「梅針箭」，卷一作「哲別」，又作「遮別」，卷四十一作「真寶」，卷一一九作「闍別」，又作「只必」，卷一二九作「拓柏」。錫哷格，蒙古語讀如"sirege"，意即「牀」，卷一作「失力哥」。色辰岱酬，蒙古語讀如"secen daiceo"，意即「聰明調兵者」，卷一作「薛徹大丑」。色辰伯奇，蒙古語讀如"secen beki"，意即「聰明堅固」，卷一作「薛徹別吉」。伊伯格勒，蒙古語讀如"ibegel"，意即「保佑」，卷一作「野伯該」。

　　實奇爾，蒙古語讀如"sikir"，意即「冰糖」，卷一作「失邱兒」。布琳，蒙古語讀如"burin"，意即「全」，卷一作「播里」，卷三作「孛蘭」，卷三十六作「伯藍」。和里察，蒙古語讀如"holica"，意即「攪和」，卷一作「火里真」。摩古津掃哩圖，蒙古語「摩古津」讀如"mogujin"，意即「圓」，「掃哩圖」讀如"saoritu"，意即「有機」，卷一作「蔑兀真笑里徒」。扎實甘布，唐古特語讀如"jasi g'ambu"，意即「吉祥老」，卷一作「扎阿紺孛」。托里，蒙古語讀如"toli"，意即「鏡」，卷一作「脫里」，卷十作「脫略」，卷一一四作「脫憐」。呼爾察和斯必瑠，蒙古語「呼爾察」讀如"hūrca"，意即「敏捷」，「和斯」讀如"hos"，意即「雙」，「必瑠」讀如"bilio"，意即「礪石」，卷一作「忽兒扎胡思

盂祿」。珠爾，蒙古語讀如“jur”，意即「廳」，卷一作「菊兒」，卷一二四作「鞠兒」。額爾克哈喇，蒙古語讀如“erke hara”，意即「權黑色」，卷一作「也力可哈剌」。伊納克齊，蒙古語讀如“inakci”，意即「親和人」，卷一作「亦難赤」。博囉汗，蒙古語讀如“boro han”，意即「青色君長」，卷一作「不魯欲罕」。額特圖博囉，蒙古語讀如“ettu boro”，意即「有財青色」，卷一作「也的脫孛魯」。齊蘇，蒙古語讀如“cisu”，意即「血」，卷一作「曲薛吾」，卷五作「曲薛」，卷一三七作「曲樞」。實巴爾，蒙古語讀如“sibar”，意即「泥」，卷一作「撒八剌」，卷四十一作「撒八兒」，卷一三八作「失班」。

伊勒哈，滿洲語讀如“ilha”，意即「花」，卷一作「亦剌合」，卷一三二作「也里可」。布爾古特，蒙古語讀如“burgut”，意即「鵰」，卷一作「卜魯忽觮」，卷二作「孛魯古帶」，卷五十九作「孛魯古歹」。保爾濟，蒙古語讀如“boorji”，意即「兩代奴」，卷一作「博爾朮」。穆呼哩，滿洲語讀如“muhūri”，意即「凡物磨去稜角」，卷一作「木華黎」。博囉罕，蒙古語讀如“borohan”，意即「微青色」，卷一作「博囉渾」，卷四作「不魯歡」，又作「孛魯歡」，卷八作「博魯歡」，卷十三作「撥魯罕」，卷九十五作「孛羅海」，又作「孛羅溫」，卷一一九作「博爾忽」。哈扎爾，蒙古語讀如“hajar”，意即「轡」，卷一作「哈撒兒」，卷一二〇作「哈扎兒」，卷一二九作「合撒兒」，卷一三一作「合折兒」，卷一九三作「合撒兒」。杭呼，蒙古語讀如“hanghū”，意即「足」，卷一作「沆忽」。岱音，蒙古語讀如“dain”，意即「敵」，卷

一作「迭夷」。阿敦愛實，滿洲語讀如 "adun aisi"，意即「牧群利」，卷一作「按敦阿述」。伊克托爾，蒙古語讀如 "ike toor"，意即「大簷網」，卷一作「燕火脫兒」。敖拉溫都爾，蒙古語讀如 "aola ūndur"，意即「山高」，卷一作「阿剌兀都兒」。楚勒罕，蒙古語讀如 "culgan"，意即「閱兵」，卷一作「局兒罕」。塔海罕，蒙古語讀如 "tahaihan"，意即「微小」，卷一作「塔海哈」。超爾，蒙古語讀如 "coor"，意即「笳」，卷一作「抄吾兒」，卷二十八作「醜驢」，卷三十作「丑驢」。阿勒坦，蒙古語讀如 "altan"，意即「金」，卷一作「按彈」，卷九十五作「按攤」。呼濟爾，蒙古語讀如 "hūjir"，意即「鹻」，卷一作「火察兒」。達哩台，蒙古語讀如 "daritai"，意即「有大藥」，卷一作「答力台」。托斯和，蒙古語讀如 "tosho"，意即「莊屯」，卷一作「禿撒和」，卷十作「禿速忽」。超爾必濟，蒙古語讀如 "coor biji"，意即「笳婦人」，卷一作「抄爾伯姬」。

　　齊哩克齊，蒙古語讀如 "cirikci"，意即「當兵人」，卷一作「乞力失」，卷一三七作「闍里赤」。巴達，滿洲語讀如 "bada"，意即「張大」，卷一作「把帶」。哲哩木，蒙古語讀如 "jerim"，意即「馬韁繩」，卷一作「折里麥」，卷一二〇作「及里木」。阿里哈，滿洲語讀如 "aliha"，意即「承受」，卷一作「阿里海」，卷一一五作「阿里罕」，卷一一八作「阿里黑」。巴勒噶特，蒙古語讀如 "balgat"，意即「城」，卷一作「八剌哈」。訥袞，蒙古語讀如 "negun"，意即「移徙」，卷一作「聶坤」，卷十五作「捏坤」。呼都拉，滿洲語讀如 "hūdula"，

意即「令其急」，卷一作「忽都剌」，卷十二作「忽都
兒」。布圖，滿洲語讀如 "butu"，意即「幽暗」，卷一
作「孛徒」，卷一一八作「孛禿」。迪延汗，蒙古語讀如
"diyan han"，意即「禪定君長」，卷一作「太陽罕」。
阿嚕哈斯，蒙古語讀如 "aru has"，意即「山陰玉」，卷
一作「阿剌忽斯」。鄂齊錦，蒙古語讀如 "ocigin"，意
即「三角竈」，卷一作「斡赤斤」。呼必哩，蒙古語讀如
"hūbiri"，意即「全收」，卷一作「虎必來」。阿林，滿
洲語讀如 "alin"，意即「山」，卷一作「阿憐」。呼圖克
伯奇，蒙古語讀如 "hūtuk beki"，意即「福堅固」，卷一作
「忽都花別吉」。

　　呼魯蘇伯奇，蒙古語讀如 "hūlusu beki"，意即「蘆葦
堅固」，卷一作「火力速八赤」。岱爾諤遜，蒙古語讀如
"dair ūsun"，意即「牡鹿毛」，卷一作「帶兒兀孫」。
博爾歡，滿洲語讀如 "borhon"，意即「秫稭攢」，卷一
作「孛羅歡」，卷一一七作「八魯渾」，卷一二一作「博
羅歡」。錫伯，蒙古語讀如 "sibe"，意即「寨柵」，卷
一作「沈白」，卷一一五作「審伯」。庫楚類，蒙古語
讀如 "kuculei"，意即「用力」，卷一作「屈出律」，卷
一二一作「曲書律」。罕布海，讀如 "hambuhai"，卷一
作「咸布海」，此從《蒙古源流》改正。保喇，蒙古語
讀如 "boora"，意即「雄駝」，卷一作「不兀剌」，卷
十六作「不剌」，卷一三五作「布兀剌」。威明，讀如
"weiming"，卷一作「嵬名」，無解義。額特，蒙古語讀
如 "et"，意即「財」，卷一作「訛答」。阿爾斯蘭汗，蒙
古語讀如 "arslan han"，意即「獅君長」，卷一作「阿昔

蘭罕」。伊都呼，蒙古語讀如"iduhū"，意即「緊束」，卷一作「亦都護」。達實，唐古特語讀如"dasi"，意即「吉祥」，卷一作「定薛」，卷十一作「都實」，卷二十五作「塔失」，卷一二三作「答石」。常格，回語讀如"cangge"，意即「鳥巢」，卷一作「長哥」，卷一六六作「常哥」。瑠格，讀如"lioge"，卷一作「留哥」，無解義。糾堅，滿洲語讀如"giogiyan"，意即「緊束」，卷一作「九斤」。齊奇，蒙古語讀如"ciki"，意即「耳」，卷一作「赤駒」，卷四十一作「曲曲」。

克特卜齊，蒙古語讀如"ketebci"，意即「火鐮包」，卷一作「可忕薄剎」。呼沙呼，滿洲語讀如"hūšahū"，意即「鴟鴞」，卷一作「忽沙虎」，卷一六四作「胡斜虎」。烏蘭巴爾，蒙古語讀如"ulan bar"，意即「紅色虎」，卷一作「訛魯不兒」。旺沁諾延，唐古特語讀如"wangcin noyan"，意即「大權官長」，卷一作「斡陳那顏」。卓齊特博恰，蒙古語讀如"jocit bokiya"，意即「眾客身笨」，卷一作「拙赤觯薄剎」。博特，唐古特語讀如"bot"，意即「西番」，卷一作「勃迭」。薩木哈，滿洲語讀如"samha"，意即「痣」，卷一作「三模合」，卷八作「三沒合」。齊錦，讀如"cigin"，卷一作「七斤」，卷一六七作「斤」，無解義。伊勒都呼，舊蒙古語讀如"ilduhū"，意即「安撫」，卷一作「寅答虎」，卷一四七作「銀答忽」。烏頁爾，蒙古語讀如"uyer"，意即「潦」，卷一作「吾也而」。呼圖克，蒙古語讀如"hūtuk"，意即「福」，卷一作「忽都忽」，卷二作「胡土虎」，卷七作「忽都」，卷八作「忽都虎」，卷一五一作「漢都虎」。

伊奇哩，滿洲語讀如 "ikiri"，意即「一連」，卷一作「職里」，卷六作「亦怯烈」，卷十作「謁只里」，卷十六作「也只里」，又作「亦只里」，卷十八作「亦吉里」，卷一三一作「捏怯烈」。奇珠，蒙古語讀如 "kiju"，意即「做」，卷一作「乞住」。萬努，讀如 "wannu"，卷一作「萬奴」，無解義。實沙，滿洲語讀如 "siša"，意即「腰鈴」，卷一作「斜闍」，卷十三作「小廝」，卷十七作「沙沙」，卷二十二作「香山」，卷一四九作「薛闍」，卷一五〇作「神撒」。

　　色爾濟鄂特，唐古特語讀如 "serji ot"，意即「金光」，卷一作「撒里知兀觶」。富勒呼，滿洲語讀如 "fulhū"，意即「口袋」，卷一作「蒲魯虎」。特爾格，蒙古語讀如 "terge"，意即「車」，卷一作「帖哥」，卷三作「帖里該」，卷十四作「鐵哥」。布琳都爾伯，蒙古語讀如 "burin durbe"，意即「全四」，卷一作「鉢魯完朵魯伯」。祿格，讀如 "luge"，卷一作「六哥」，無解義。浩沁扎拉，蒙古語讀如 "haocin jala"，意即「舊帽纓」，卷一作「哈真扎剌」。哈濟爾濟蘭圖，蒙古語讀如 "hajir jirantu"，意即「鷲有六十」，卷一作「哈只兒只蘭禿」。孟古，蒙古語讀如 "munggu"，意即「銀」，卷一作「忙古」。扎拉鼎，蒙古語讀如 "jaladin"，回人名，卷一作「札蘭丁」。瑪里克汗，回語讀如 "malik han"，意即「凡物之主君長」，卷一作「滅里可汗」。實勒噶克繖昆，蒙古語讀如 "silgaksan kun"，意即「已選之人」，卷一作「亦臘喝翔昆」。岱遜，蒙古語讀如 "daisun"，意即「讎敵」，卷一作「帶孫」。愛新，滿洲語讀如 "aisin"，意即

「金」，卷一作「愛申」。哈昭，蒙古語讀如 "hajao"，意即「旁邊」，卷一作「合周」。阿古，滿洲語讀如 "agu"，意即「兄長」，卷一作「阿虎」。阿固岱，蒙古語讀如 "agūdai"，意即「有寬闊」，卷二作「阿虎帶」，卷四作「阿忽帶」。瑪哈穆第哈喇斯密，梵語讀如 "maha mudih'a rasmi"，意即「大珠光」，卷二作「麻合沒的滑剌西迷」。多果朗，蒙古語讀如 "dogolang"，意即「瘸」，卷二作「朵忽魯」，卷一一九作「掇忽蘭」。

綽布干，蒙古語讀如 "cobugan"，意即「便捷」，卷二作「搠不罕」。珠順，滿洲語讀如 "jušun"，意即「酸水」，卷二作「重山」。薩里台，蒙古語讀如 "salitai"，意即「有地弩」，卷二作「撒禮塔」，卷一〇〇作「撒兒答」，卷一二〇作「撒禮答」，卷一四九作「撒里台」。伯奇，蒙古語讀如 "beki"，意即「堅固」，卷二作「伯堅」，卷十六作「八吉」，卷一〇〇作「別乞」。布哈，蒙古語讀如 "buha"，意即「牝牛」，卷二作「蒲阿」，卷四作「不花」，卷一〇九作「孛花」，卷一一九作「蒲瓦」，卷一四九作「蒲兀」。額爾克，蒙古語讀如 "erke"，意即「權」，卷二作「訛可」。色埒，滿洲語讀如 "sele"，意即「鐵」，卷二作「思烈」。納新，滿洲語讀如 "nasin"，意即「羆」，卷二作「奴申」。薩尼雅布，滿洲語讀如 "saniyabu"，意即「舒展」，卷二作「習捏阿不」，卷一二二作「斜捻阿卜」。阿齊台，蒙古語讀如 "acitai"，意即「有恩」，卷二作「按赤帶」，卷三作「按只帶」，卷一一八作「安赤台」，卷一一九作「按赤台」。阿克棟阿，滿洲語讀如 "akdungga"，意即「信實」，卷二作「阿同葛」。

呼圖克諾延，蒙古語讀如"hūtuk noyan"，意即「福官長」，卷二作「胡土虎那顏」，卷九十五作「忽都那顏」，卷一七三作「忽都忽那顏」。達海甘布，蒙古語讀如"dahai g'ambu"，古人名，卷二作「達海紺卜」，卷六十五作「塔海紺卜」，卷一四九作「答海紺布」。扎拉呼，蒙古語讀如"jalahū"，意即「請」，卷二作「查老溫」，又作「查剌溫」，卷十二作「扎剌忽」。玖珠，讀如"gioju"，卷二作「九住」，卷一三〇作「久著」，又作「久住」，無解義。

　古裕，唐古特語讀如"guyu"，意即「檳榔」，卷二作「古與」。博囉台，蒙古語讀如"borotai"，意即「有青色」，卷二作「孛魯帶」，卷二十七作「孛羅台」，卷三十四作「孛欒」，卷四十作「普魯台」。庫勒格，蒙古語讀如"kluge"，意即「乘」。徹庫，滿洲語讀如"ceku"，意即「鞦韆」，卷二作「赤苦」。察罕台丹津，蒙古語「察罕台」讀如"cagantai"，意即「有白色」，唐古特語「丹津」讀如"danjin"，意即「掌教」，卷二作「茶合帶鍛真」。罕扎，滿洲語讀如"hanja"，意即「廉」，卷二作「寒札」，卷三十三作「漢爪」。昂吉諾延，蒙古語讀如"anggi noyan"，意即「隊官長」，卷二作「按赤那顏」，卷十八作「按只那演」，卷一五一作「按赤那顏」。青諾延，蒙古語讀如"cing noyan"，意即「誠官長」，卷二作「圻那顏」。和斯濟蘇，蒙古語讀如"hos jisu"，意即「雙顏色」，卷二作「火斜朮思」。巴齊瑪克，蒙古語讀如"bacimak"，意即「猝然」，卷二作「八赤蠻」。摩和納，蒙古語讀如"mohona"，意即「窮盡」，卷二作「木虎乃」，卷二十作「木忽難」，卷二〇五作「馬月合」。

塔斯，蒙古語讀如"tas"，意即「皂鵰」，卷二作「塔思」。溫都爾哈瑪爾，蒙古語讀如"ūndur hamar"，意即「高鼻」，卷二作「奧都剌合蠻」。伊囉斡齊，蒙古語讀如"irowaci"，意即「先知人」，卷二作「牙老瓦赤」，卷三作「牙剌瓦赤」，卷四作「牙魯瓦赤」，卷一三四作「玉哇赤」。

伊勒吉濟達，蒙古語讀如"ilgi jida"，意即「去毛皮槍」，卷二作「雅里知吉帶」，卷一一五作「野里知給歹」。伊克們都爾，蒙古語讀如"ike mundur"，意即「大雹」，卷二作「也曲門答兒」。穆格，蒙古語讀如"muge"，意即「彎曲」，卷三作「木哥」，卷四作「穆哥」。綏克，蒙古語讀如"suike"，意即「耳墜」，卷三作「唆亦哥」。烏蘭哈達，蒙古語讀如"ulan hada"，意即「紅色山峰」，卷三作「兀良合台」，卷四作「兀良合帶」，卷十作「兀里養合帶」，卷四十二作「悟良哈台」，卷九十五作「兀里羊哈歹」。薩納台，蒙古語讀如"sanatai"，意即「有見識」，卷三作「速你帶」，卷二十二作「雪尼台」，又作「薛尼台」。伯爾克，蒙古語讀如"berke"，意即「險」，卷三作「別兒哥」，卷九十作「不里合」，卷一一八作「八兒哈」。托海特穆爾，蒙古語讀如"toohai temur"，意即「帶飾鐵」，卷三作「脫哈帖木兒」，卷十八作「禿古鐵木兒」，卷三十作「禿哈帖木兒」。伊克托歡，蒙古語讀如"ike tohon"，意即「大釜」，卷三作「也古脫忽」。巴哩濟，蒙古語讀如"bariji"，意即「執掌」，卷三作「斑里赤」，又作「八里赤」。實喇，蒙古語讀如"sira"，意即「黃色」，卷三作

「旭烈」，卷四作「普剌」，卷三十作「失剌」，卷一四九作「石剌」，卷一六五作「匣剌」。孟克薩勒，蒙古語「孟克」讀如“mūngke”，意即「經常之經」，唐古特語「薩勒」讀如“sal”，意即「明白」，卷三作「忙可撒兒」，卷一三四作「蒙哥撒兒」。

　　布琳哈扎爾，蒙古語讀如“burin hajar”，意即「全轡」，卷三作「不哩火者」。布琳濟達，蒙古語讀如“burin jida”，意即「全槍」，卷三作「不憐吉觰」，又作「卜隣吉觰」，卷十二作「卜憐吉帶」，卷十五作「不鄰吉帶」，卷二十四作「不憐吉帶」，卷三十二作「不憐吉台」，卷一六二作「卜隣吉台」。塔爾，蒙古語讀如“tar”，意即「毛稍」，卷三作「塔兒」。鄂勒博，滿洲語讀如“olbo”，意即「馬褂」，卷三作「斡魯不」，卷二十九作「阿亦伯」。察球爾，蒙古語讀如“cakior”，意即「火石」，卷三作「察乞剌」，又作「茶邱」，卷十三作「察吉兒」，卷十五作「察乞兒」，卷二十六作「祭吉兒」，卷一六二作「察吉里」。賽音諤德齊，蒙古語讀如“sain ūdeci”，意即「好精壯人」，卷三作「賽典赤」。博勒和，滿洲語讀如“bolgo”，意即「潔淨」，卷三作「孛魯合」。阿勒達爾，蒙古語讀如“aldar”，意即「名譽」，卷三作「阿藍答兒」，卷四作「阿藍帶兒」，卷七作「阿魯忒兒」，卷九十五作「慍里答兒」，卷九十六作「阿藍觰兒」，卷一〇〇作「阿籃答兒」。都特達喇，梵語讀如“dutdara”，意即「救渡」，卷三作「覩答兒」。鼐智密鼎，蒙古語讀如“naijymidin”，回人名，卷三作「匿咎馬丁」，又作「匿只馬丁」，卷二十三作「昵匝馬丁」，卷二十七作「你咱馬

丁」。塔喇海，蒙古語讀如"tarahai"，意即「毛稀」，卷三作「塔剌海」，卷一六二作「答剌海」。巴蘇呼，蒙古語讀如"basuhū"，意即「邈視」，卷三作「麻速忽」，卷十三作「馬速忽」，卷六十四作「馬思忽」。

烏遜，蒙古語讀如"usun"，意即「水」，卷三作「兀尊」，卷十九作「萬僧」。阿哈瑪特，蒙古語讀如"ahamat"，意即「長子」，卷三作「阿合馬」。伊德實，蒙古語讀如"idesi"，意即「食物」，卷三作「也的沙」。諤爾根，蒙古語讀如"ūrgen"，意即「寬」，卷三作「阿兒渾」。帕哈哩鼎，回語讀如"paharidin"，意即「賤」，卷三作「法哈魯丁」，卷二十作「法忽魯丁」。察罕伊爾根，蒙古語讀如"cagan irgen"，意即「白色民」，卷三作「茶寒葉了干」。丹達爾，唐古特語讀如"dandar"，意即「廣教」，卷三作「帶答兒」，卷九十五作「典迭兒」，卷一〇〇作「坦的里」，卷一二七作「帶塔兒」，卷一二〇作「太答兒」。和爾台，蒙古語讀如"hortai"，意即「有捧靷」，卷三作「和里觮」，卷十七作「忽里帶」，卷一四九作「忽林帶」，卷一六二作「火里台」。昌吉，蒙古語讀如"canggi"，意即「園圃」，卷三作「暢吉」，卷八作「長吉」。卓諾，滿洲語讀如"jono"，意即「提撕」，卷三作「瓜難」。奇凌，蒙古語讀如"kiling"，意即「怒氣」，卷三作「曲憐」。阿勒楚爾，蒙古語讀如"alcur"，意即「手巾」，卷三作「阿里出」，卷三十五作「阿魯出」，卷一〇〇作「暗出忽兒」，卷一二一作「按竺邇」。綱阿塔，滿洲語讀如"ganggata"，意即「身高」，卷三作「剛疙疸」，卷三十五作「庚兀台」。阿薩爾，蒙古語讀

如 "asar"，意即「閣」，卷三作「阿散」，卷五作「俺撒」，卷三十六作「阿昔兒」。

　　和塔拉，蒙古語讀如 "hotala"，意即「普遍」，卷三作「忽都魯」，卷十四作「都忽魯」。揚珠濟達，蒙古語讀如 "yangju jida"，意即「儀表槍」，卷三作「宴只吉帶」，卷三十作「燕只吉台」，又作「燕只哥台」。奇塔特布哈，蒙古語讀如 "kitat buha"，意即「漢人牝牛」，卷三作「乞都不花」，又作「怯的不花」，卷十七作「乞台不花」。格丹，唐古特語讀如 "gedan"，意即「福全」，卷三作「各丹」。伊蘇布琳，蒙古語讀如 "isu burin"，意即「九全」，卷三作「也速孛里」，卷一二四作「也速不里」。呼齊納，蒙古語讀如 "hūcina"，意即「遮蓋」，卷三作「和只訥」。和斯圖，蒙古語讀如 "hostu"，意即「有雙」，卷三作「忽孫脫」。托羅該薩奇勒，蒙古語讀如 "tologai sakil"，意即「頭戒律」，卷三作「禿兒花撒邸」。特格，讀如 "tege"，卷三作「田哥」，無解義。特爾格齊，蒙古語讀如 "tergeci"，意即「車夫」，卷三作「帖哥紬」，卷三十六作「帖哥住」，卷一三三作「帖哥朮」。庫庫楚，蒙古語讀如 "kukucu"，意即「藍靛」，卷三作「闊闊朮」，卷五作「闊闊出」。

　　表中以鳥獸為名者，頗為常見。布爾古特（burgut），意即「鵰」，塔斯（tas），意即「皂鵰」，呼沙呼（hūšahū），意即「鴟鴞」，哈濟爾（hajir），意即「鷲」。塔爾巴哈台（tarbagatai），意即「有獺」，珠爾（jur），意即「麂」，岱爾（dair），意即「牡鹿」，保喇（boora），意即「雄駝」，阿爾斯蘭（arslan），意即

「獅」，巴爾（bar），意即「虎」，布哈（buha），意即「牝牛」，納新（nasin），意即「羆」。溫都爾哈瑪爾（ūndur hamar），意即「高鼻」，綱阿塔（ganggata），意即「身材高」，多果朗（dogolang），意即「瘸」，阿哈瑪特（ahamat），意即「長子」，以身體特徵或出生長幼為名，頗具意義。

托羅該薩奇勒　托羅該頭也薩奇勒勒戒律　也卷三作禿兒花撒卯

額嚕額嚕　卷三作田哥因無

特格　額嚕額嚕　車夫也卷三作帖哥紬卷三十六作帖哥住卷一百三十三作帖哥术併改

額嚕額嚕佛嚜　辭義但改字面

特默揚

庫庫楚　鮹鮎駒　藍龍也卷三作闊闊术卷五作闊闊出併改

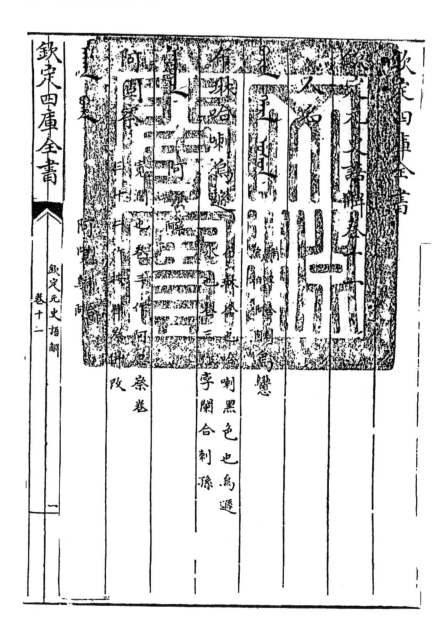

十一、《欽定元史語解》人名（三）

《欽定元史語解·人名》滿漢對照表

順次	滿洲語	漢　字	羅馬拼音	詞　義
1		布琳 哈喇 烏遜	burin hara usun	蒙古語，全黑色水
2		阿圖察	agūca	蒙古語，寬闊
3		阿拉克 布哈	alak buha	蒙古語，花斑牝牛
4		哈喇	hara	蒙古語，黑色
5		珠爾噶岱	jurgadai	蒙古語，六指
6		塔拉爾	talar	蒙古語，枉為

順次	滿洲語	漢字	羅馬拼音	詞義
7		扎拉台	jalatai	蒙古語，有帽纓
8		必齊克 伯爾克	bicik berke	蒙古語，書險
9		薩里 托爾呼	sali torhū	蒙古語，地弩套
10		托卜齊雅	tobciya	蒙古語，總綱
11		雅勒呼	yalhū	滿洲語，有把槽盆
12		和爾齊	horci	蒙古語，造箭壺人
13		默爾格齊	mergeci	蒙古語，技勇精熟人
14		約索爾	yosor	蒙古語，仍舊

順次	滿洲語	漢　字	羅馬拼音	詞　義
15		奇塔特	kitat	蒙古語，漢人
16		托音	toin	蒙古語，僧人
17		巴爾圖	bartu	蒙古語，有虎
18		楚木哈喇	cūm hara	蒙古語，全黑色
19		耨埒	neole	梵語，寶鼠
20		默格	mege	
21		布爾察克	burcak	蒙古語，豆
22		明安岱爾	minggan dair	蒙古語，千牡鹿

順次	滿洲語	漢字	羅馬拼音	詞義
23		密喇卜 和卓	mirab hojo	蒙古語，回部管理水利官名美
24		哈瑪爾	hamar	蒙古語，行圍前引人
25		伊爾圖	irtu	蒙古語，有刃
26		莽格	mangge	唐古特語，眾福
27		伊拉珠	ilaju	蒙古語，勝
28		察罕 伊兆爾	cagan ijaor	蒙古語，白色菜根
29		察呼	cahū	蒙古語，支杆
30		瑪拉噶齊	malagaci	蒙古語，司帽人
31		琿塔噶	hūntaga	蒙古語，酒杯

順次	滿洲語	漢　字	羅馬拼音	詞　義
32		托果斯	togos	蒙古語，孔雀
33		托里齊	tolici	蒙古語，造鏡人
34		托歡額黙根	tohon emegen	蒙古語，釜老嫗
35		額森克	esen ke	蒙古語，平安華麗
36		瑪穆特	mamut	蒙古語，回人名
37		巴崇	bacung	唐古特語，勇小
38		納罕	nahan	滿洲語，炕
39		孟古岱	munggudai	蒙古語，有銀
40		博囉哈雅	boro haya	蒙古語，青色山墻

順次	滿洲語	漢　字	羅馬拼音	詞　義
41		呼哩濟雅	hūriyaji	蒙古語，收訖
42		奇爾岱布哈	kirdai buha	蒙古語，有斑點牤牛
43		藏布	dzangbu	唐古特語，美好
44		布呼實勒們	buhū silmen	滿洲語，鹿鸇
45		塔爾琿	tarhūn	滿洲語，肥
46		哈必齊	habici	
47		帕克斯巴	paksba	唐古特語，聖
48		星納嘉爾	singnagar	蒙古語，捲鼻

順次	滿洲語	漢　字	羅馬拼音	詞　義
49		阿穆爾	amur	蒙古語，安
50		多爾濟 額布根	dorji ebugen	唐古特語，金剛 老人
51		鄂和爾達	orhoda	滿洲語，人葠
52		兆圖穆卜爾	joo tub mur	蒙古語，百正 踪跡
53		道雅哩呼	dooriyahū	蒙古語，效法
54		阿珠	aju	蒙古語，住
55		奇徹	kice	蒙古語，勤

順次	滿洲語	漢　字	羅馬拼音	詞　義
56		巴　勒 達　爾	bal dar	唐古特語， 威開廣
57		萬嘉努	wangiyanu	
58		尼雅斯 拉鼎	niyasladin	蒙古語， 回人名
59		呼　倫 貝　爾	hulun boir	蒙古語， 索倫地名
60		庫　庫	kuku	蒙古語， 青色
61		阿實罕	asihan	滿洲語， 年少
62		呼塔噶	hūtaga	蒙古語， 小刀
63		阿實克	asik	蒙古語， 利
64		阿　巴	aba	蒙古語， 圍

順次	滿洲語	漢 字	羅馬拼音	詞 義
65		阿嘍罕	aroohan	蒙古語，差勝
66		克呼木	kerem	蒙古語，墻
67		錫爾丹	sirdan	滿洲語，梅針箭
68		和木哈	homha	蒙古語，淨水瓶
69		奇爾低	kirdai	蒙古語，有斑點
70		呼爾敦 和爾齊	hūrdun horci	蒙古語，急造箭人
71		阿陶	atao	蒙古語，短小
72		穆蘇	mūsu	蒙古語，冰
73		布扎爾 額布根	bujar ebugen	蒙古語，污穢老人

順次	滿洲語	漢字	羅馬拼音	詞義
74		巴圖 摩多	batu modo	蒙古語，結實樹木
75		忠巴圖	jung batu	蒙古語，靈性結實
76		沙木斯鼎	šamsdin	蒙古語，回人名
77		達哩岱	daridai	蒙古語，有火藥
78		索多	sodo	蒙古語，大翎
79		薩奇蘇	sakisu	蒙古語，看守
80		諾格	g'aoge	
81		和爾 布哈	hoor buha	蒙古語，壽牝牛

順次	滿洲語	漢字	羅馬拼音	詞　義
82		巴雅爾 哈雅	bayar haya	蒙古語， 喜山墻
83		努克	nuke	蒙古語， 孔
84		和斯 濟勒	hos jil	蒙古語， 雙年
85		博多歡	bodogon	滿洲語， 謀略
86		納喇丹	naradan	蒙古語， 有日，
87		庫庫低	kukudai	蒙古語， 有青色
88		伯嘉努	begiyanu	
89		布嚕魯	burulu	滿洲語， 紅沙馬
90		輝圖	hoitu	蒙古語， 後

順次	滿洲語	漢　字	羅馬拼音	詞　義
91		額 哈　布　森 	esen buha	蒙古語， 平安牝牛
92		實　喇 諤　都	sira ūdu	蒙古語， 黃色鳥翅
93		察　克 布　哈	cak buha	蒙古語， 時牝牛
94		瑪　哈　穆　特	mahamut	蒙古語， 五行之行
95		齊　喇	cira	滿洲語， 嚴
96		扎　瑪 里　鼎	jamalidin	蒙古語， 回人名
97		伊　克 德　勒　台	ike deltai	蒙古語， 有大衣服

順次	滿洲語	漢　字	羅馬拼音	詞　義
98		德 沁 諾 延	decin noyan	大安 官長
99		烏 勒 希	ulhi	滿洲語， 袖
100		薩 里 圖	salitu	蒙古語， 有地弩
101		錫 津	sijin	滿洲語， 鷹腳線
102		哈 喇 哈 納	hara hana	蒙古語， 黑色氊 盧墻
103		錫 勒 希	silhi	滿洲語， 膽
104		阿 敦	adun	滿洲語， 牧群
105		茂 巴 爾	moo bar	蒙古語， 不善虎
106		阿 爾 布 哈	ar buha	蒙古語， 花紋牤牛

順次	滿洲語	漢　字	羅馬拼音	詞　義
107		蘓爾托音	sur toin	蒙古語，威僧
108		扎　拉	jala	蒙古語，帽纓
109		算　濟	sonji	蒙古語，已遠
110		阿　哈 托　音	aha toin	蒙古語，兄長僧
111		布拉噶	bulaga	蒙古語，貂鼠
112		呼　察	hūca	蒙古語，未騸羊
113		阿爾察	arca	蒙古語，松柏枝
114		明　安	minggan	蒙古語，千數

順次	滿洲語	漢　字	羅馬拼音	詞　義
115		伊　埒 孟　古 岱	ile munggudai	蒙古語， 明顯 有銀
116		阿　里	ali	回語， 大
117		雅　蘇	yasu	蒙古語， 骨
118		烏　嚕 克　台	uruktai	蒙古語， 有親戚
119		敏　珠爾 丹	minjur dan	唐古特語， 無違全
120		帕　嚕鼎	parudin	蒙古語， 回人名
121		寶　赫鼎	booheding	
122		拜　牲	baising	蒙古語， 房舍

順次	滿洲語	漢　字	羅馬拼音	詞　義
123		和　琳 岱　爾	horin dair	蒙古語， 二十牡鹿
124		安　圖	antu	滿洲語， 山陽
125		巴　延	bayan	蒙古語， 富
126		招布哈	joo buha	蒙古語， 百牝牛
127		多木達	domda	蒙古語， 中
128		和　爾 扎　實	h'or jasi	唐古特語， 蒙古吉祥
129		赫　德	hede	滿洲語， 遺產業
130		呼　圖克 岱　爾	hūtuk dair	蒙古語， 福牡鹿

順次	滿洲語	漢　字	羅馬拼音	詞　義
131		沙卜珠丹	šabju dan	唐古特語，字鈎全
132		伊䬃岱爾	isu dair	蒙古語，九牡鹿
133		愛魯克	ailuk	蒙古語，譏誚
134		克們	kemun	滿洲語，規模
135		阿努班廸噶	anu bandige	梵語，無上修成
136		扎蘭	jalan	滿洲語，世
137		達朗	dalang	蒙古語，河堤
138		李嘉努	ligiyanu	

順次	滿洲語	漢　字	羅馬拼音	詞　義
139		溫都蘇	undusu	蒙古語，根本
140		巴喇噶	baraga	蒙古語，產業
141		實克濟	sikeji	蒙古語，小指
142		多托爾	dotor	蒙古語，內
143		布爾罕	burhan	蒙古語，佛
144		和爾果斯	horgos	蒙古語，牧地遺矢
145		圖古勒	tugūl	蒙古語，牛犢
146		索和爾	sohor	蒙古語，瞽目
147		鄂爾多斯布哈	ordos buha	蒙古語，鄂爾多亭牝牛

順次	滿洲語	漢　字	羅馬拼音	詞　義
148		特訥克	tenek	蒙古語，愚
149		阿爾斯蘭	arslan	蒙古語，獅
150		托克托岱爾	tokto dair	蒙古語，定牡鹿
151		烏蘭濟達	ulan jida	蒙古語，紅色槍
152		特濟	teji	蒙古語，裝載
153		伊實	isi	唐古特語，智慧
154		博和哩	bohori	滿洲語，豌豆
155		阿爾哈雅	ar haya	蒙古語，花紋山墻
156		阿里布	alibu	滿洲語，呈遞

順次	滿洲語	漢　字	羅馬拼音	詞　義
157		謁瑪 都勒	ūdu mal	蒙古語，鳥翅翎牲畜
158		和尼齊	honici	蒙古語，牧羊人
159		喇卜丹	rabdan	唐古特語，堅固
160		伊實布	isibu	滿洲語，致
161		青哈	cingha	蒙古語，嚴
162		浩爾齊	hoorci	蒙古語，吹口琴人
163		扎拉布哈	jala buha	蒙古語，帽纓牝牛
164		奇爾濟蘇	kir jisu	蒙古語，斑點顏色

順次	滿洲語	漢　字	羅馬拼音	詞　義
165		托克托穆爾	tokto mur	蒙古語，定踪跡
166		呼圖克鼐爾	hūtuk nair	蒙古語，福和氣
167		阿嚕特穆爾	aru temur	蒙古語，山陰鐵
168		圖格	tuge	蒙古語，一扎
169		約蘇	yosu	蒙古語，道理
170		格隆	gelung	唐古特語，比邱
171		蘇爾約蘇貝	sur yosu bui	蒙古語，有威儀

順次	滿洲語	漢字	羅馬拼音	詞義
172		達勒巴	dalba	蒙古語，船篷
173		伊瑪斯音	ismayen	蒙古語，回人名
174		阿實克布哈	asik buha	蒙古語，利牝牛
175		阿錫頁	asiye	蒙古語，回人名
176		察楚克	cacuk	蒙古語，穗
177		雅善罕	yašanh'an	蒙古語，回人名
178		噶瑪拉實哩	g'amala siri	梵語，蓮花葉威
179		實里巴	siliba	蒙古語，選拔
180		烏爾古歹	urgūdai	蒙古語，滋生

順次	滿洲語	漢　字	羅馬拼音	詞　義
181		赫　伯	hebe	滿洲語，商議
182		塔雅實㳘	tasiyala	蒙古語，間隔
183		哈達台	hadatai	蒙古語，有山峰
184		實保齊巴圖	sibaoci batu	蒙古語，養禽鳥人
185		碩色克圖	šuwe sektu	滿洲語，通達靈透
186		巴喇珠	baraju	蒙古語，完
187		訥古伯	negube	蒙古語，遷移
188		伊齊爾台	icirtai	蒙古語，可恥
189		阿爾彬	arbin	蒙古語，省儉

順次	滿洲語	漢　字	羅馬拼音	詞　義
190		拉爾錦	largin	滿洲語， 繁劇
191		約穆沙哈 藕爾津尚哈	yosu mur šajin hašang	蒙古語， 道理 踪跡 教遲鈍
192		呼巴哩 巴圖	hūbari batu	蒙古語， 田畔 結實
193		哈喇斯 哈	hara has	蒙古語， 黑玉
194		哈斯 哈雅	has haya	蒙古語， 玉山墻
195		巴勒沁	bal cin	唐古特語， 威大

順次	滿洲語	漢　字	羅馬拼音	詞　義
196	（滿洲文）	克呼克額濟類	kerek ejilei	蒙古語，事專主
197	（滿洲文）	呼敦	hūdun	滿洲語，急快

資料來源：《欽定四庫全書》，「史部」，《欽定元史語解》，
　　　卷十一。

　　表中所列人名，共計一九七人，其中布琳哈喇烏遜，
蒙古語讀如“burin hara usun”，意即「全黑色水」，卷
三作「孛蘭合刺孫」。阿固察，蒙古語讀如“agūca”，
意即「寬闊」，卷三十二作「按律察」。阿拉克布哈，
蒙古語讀如“alak buha”，意即「花斑牤牛」，卷三作
「阿剌不花」，卷九十二作「愛不花」。哈喇，蒙古語讀
如“hara”，意即「黑色」，卷三作「合喇」，卷四十作
「哈剌」，卷一三五作「曷剌」。珠爾噶岱，蒙古語讀如
“jurgadai”，意即「六指」，卷三作「只兒斡帶」，卷三
十九作「只兒瓦歹」，卷四十作「只兒瓦台」，又作「只兒
瓦丁」，卷一三三作「只兒瓦帶」，又作「折兒凹台」，
卷一五四作「只魯瓦」。塔拉爾，蒙古語讀如“talar”，
意即「枉為」，卷三作「塔剌兒」。扎拉台，蒙古語讀如
“jalatai”，意即「有帽纓」，卷三作「札剌兒帶」，又作
「扎剌觰」，卷十八作「扎剌而帶」，卷一一三作「札剌
爾台」，卷一五四作「扎剌台」。必齊克伯爾克，蒙古語

「必齊克」讀如 "bicik"，意即「書」，「伯爾克」讀如 "berke"，意即「險」，卷三作「必闍別兒哥」。薩里托爾呼，蒙古語讀如 "sali torhū"，意即「地弩套」，卷三作「撒里土魯花」。托卜齊雅，蒙古語讀如 "tobciya"，意即「總綱」，卷三作「脫必察」。雅勒呼，滿洲語讀如 "yalhū"，意即「有把槽盆」，卷三作「耶虎」，卷十五作「牙兀」，卷三十五作「雅琥」，卷四十五作「鴉鶻」，卷一一九作「也忽」，卷二〇三作「亞古」。和爾齊，蒙古語讀如 "horci"，意即「造箭壺人」，卷三作「火兒赤」，卷一一九作「忽林池」，卷一三一作「火魯赤」，卷一六九作「虎林赤」。

　　默爾格齊，蒙古語讀如 "mergeci"，意即「技勇精熟人」，卷三作「沒兒合石」。約索爾，蒙古語讀如 "yosor"，意即「仍舊」，卷三作「也速兒」。奇塔特，蒙古語讀如 "kitat"，意即「漢人」，卷三作「乞觸」，卷十七作「乞答帶」，卷二十五作「乞塔」，卷三十三作「駒塔台」，卷四十二作「乞塔歹」，卷六十三作「乞歹」，卷一二〇作「怯台」，卷一五〇作「乞忒」。托音，蒙古語讀如 "toin"，意即「僧」，卷三作「脫因」，卷一一八作「脫也」。巴爾圖，蒙古語讀如 "bartu"，意即「有虎」，卷三作「巴里土」。楚木哈喇，蒙古語讀如 "cūm hara"，意即「全黑色」，卷三作「出木哈兒」。耨埒，梵語讀如 "neole"，意即「寶鼠」，卷三作「紐隣」，卷一五四作「紐璘」。默格，讀如 "mege"，卷三作「莫哥」，卷一五七作「摩哥」，無解義。布爾察克，蒙古語讀如 "burcak"，意即「豆」，卷三作「孛里乂」，卷四作

「孛里察」。明安岱爾，蒙古語讀如"minggan dair"，意即「千數牡鹿」，卷三作「明安答兒」，卷一九五作「明安達爾」。密喇卜和卓，蒙古語「密喇卜」讀如"mirab"，意即「回部管理水利官名」，「和卓」讀如"hojo"，意即「美稱」，卷三作「密里火者」，卷四作「明里火者」，卷十三作「迷里火者」，卷二十一作「迷而火者」，卷一一二作「迷兒火者」，卷一四九作「密力火者」，卷一五九作「迷里火者」。哈瑪爾，蒙古語讀如"hamar"，意即「行圍前引人」，卷三作「黑馬」，卷八作「合馬里」，卷十五作「合木里」，卷十六作「合迷」，卷十七作「合麥」，卷二十二作「黑馬而」，卷四十二作「哈麻」，又作「哈蠻」。

伊爾圖，蒙古語讀如"irtu"，意即「有刃」，卷三作「曳剌禿」。莽格，唐古特語讀如"mangge"，意即「眾福」，卷四作「忙哥」，卷五作「蒙哥」。伊拉珠，蒙古語讀如"ilaju"，意即「勝」，卷四作「玉律尤」。察罕伊兆爾，蒙古語讀如"cagan ijaor"，意即「白色菜根」，卷四作「抄合也只烈」。察呼，蒙古語讀如"cahū"，意即「支杆」，卷四作「茶忽」，卷十三作「察忽」。瑪拉噶齊，蒙古語讀如"malagaci"，意即「司帽人」，卷四作「木魯花赤」。琿塔噶，蒙古語讀如"hūntaga"，意即「酒杯」，卷四作「渾都海」。托果斯，蒙古語讀如"togos"，意即「孔雀」，卷四作「脫火思」，卷五作「脫忽思」，卷六作「禿忽思」，卷一三四作「多和思」，卷一八〇作「禿忽思」。托里齊，蒙古語讀如"tolici"，意即「造鏡人」，卷四作「脫里赤」，卷三十五作「脫里出」。托歡額默根，蒙

古語「托歡」讀如"tohon"，意即「釜」，「額默根」讀如"emegen"，意即「老嫗」，卷四作「托歡愛莫干」。額森克，蒙古語讀如"esen ke"，意即「平安華麗」，卷四作「也先哥」，卷五作「也相哥」。瑪穆特，蒙古語讀如"mamut"，係回人名，卷四作「禡禡」。巴崇，唐古特語讀如"bacung"，意即「勇小」，卷四作「八春」。納罕，滿洲語讀如"nahan"，意即「炕」，卷四作「南合」，卷一一八作「納合」。孟古岱，蒙古語讀如"munggudai"，意即「有銀」，卷四作「忙古帶」，卷五作「忙兀帶」，卷十作「蒙古帶」，卷十三作「忙兀台」，卷十七作「忙兀臺」，卷四十五作「忙哥歹」，卷一〇〇作「忙兀觸」。

博囉哈雅，蒙古語讀如"boro haya"，意即「青色山墻」，卷四作「孛魯海牙」，卷一四五作「布魯海牙」，卷二〇五作「孛魯海」。奇爾岱布哈，蒙古語讀如"kirdai buha"，意即「有斑點牝牛」，卷四作「乞帶不花」，卷一五五作「乞台不花」。藏布，唐古特語讀如"dzangbu"，意即「美好」，卷四作「長不」，卷四十五作「臧卜」。布呼實勒們，滿洲語讀如"buhū silmen"，意即「鹿鸇」，卷四作「白虎襲剌門」。塔爾琿，滿洲語讀如"tarhūn"，意即「肥」，卷四作「塔剌渾」。哈必齊，讀如"habici"，卷四作「合必赤」，語解從《蒙古源流》改正。帕克斯巴，唐古特語讀如"paksba"，意即「聖」，卷四作「八合思八」，卷二十六作「巴思八」。星納噶爾，蒙古語讀如"singnagar"，意即「捲鼻」，卷四作「勝納合兒」。阿穆爾，蒙古語讀如"amur"，意即「安」，卷四作「阿木魯」，卷二十九作「阿馬」，卷一〇〇作「艾貌兒」。多爾

濟額布根，唐古特語讀如"dorji ebugen"，意即「金剛老人」，卷四作「覩兒赤也不干」。鄂爾和達，滿洲語讀如"orhoda"，意即「人葠」，卷四作「兀魯忽帶」，卷一一七作「兀魯兀台」，又作「脫羅脫孩」。兆圖卜穆爾，蒙古語讀如"joo tub mur"，意即「百數正踪跡」，卷四作「爪都伯木兒」。道哩雅呼，蒙古語讀如"dooriyahū"，意即「效法」，卷四作「都魯牙忽」。

　　阿珠，蒙古語讀如"aju"，意即「住」，卷四作「阿尢」。奇徹，蒙古語讀如"kice"，意即「勤」，卷四作「欽察」，卷十一作「乞赤」，卷三十四作「怯朝」。巴勒達爾，唐古特語讀如"bal dar"，意即「威開廣」，卷四作「巴思答兒」。萬嘉努，讀如"wangiyanu"，卷四作「萬家奴」，無解義。尼雅斯拉鼎，蒙古語讀如"niyasladin"，係回人名，卷四作「納速剌丁」。呼倫貝爾，蒙古語讀如"hulun boir"，係索倫地名，卷四作「忽林伯」。庫庫，蒙古語讀如"kuku"，意即「青色」，卷四作「闊闊」，卷三十四作「夔夔」。阿實罕，滿洲語讀如"asihan"，意即「年少」，卷四作「阿石寒」，卷八作「阿失罕」。呼塔噶，蒙古語讀如"hūtaga"，意即「小刀」，卷四作「忽突花」，卷一四九作「渾都古」。阿實克，蒙古語讀如"asik"，意即「利」，卷四作「阿沙」，卷五作「阿昔」，卷十三作「阿失」。阿巴，蒙古語讀如"aba"，意即「打圍」，卷四作「愛亦伯」，卷十八作「阿八」，卷二十一作「阿伯」，卷三十八作「阿弼」。阿嘍罕，蒙古語讀如"aroohan"，意即「差勝」，卷四作「阿剌渾」，卷七作「阿剌罕」，卷一〇〇作「安魯罕」。克呼木，蒙

古語讀如"kerem"，意即「墻」，卷四作「怯烈門」，卷九十九作「怯列門」。錫爾丹，滿洲語讀如"sirdan"，意即「梅針箭」，卷四作「失里答」。和木哈，蒙古語讀如"homha"，意即「淨水瓶」，卷四作「霍木海」。奇爾岱，蒙古語讀如"kirdai"，意即「有斑點」，卷四作「乞帶」。

呼爾敦和爾齊，蒙古語讀如"hūrdun horci"，意即「急造箭人」，卷四作「合丹火兒赤」。阿陶，蒙古語讀如"atao"，意即「短小」，卷四作「阿脫」。穆蘇，蒙古語讀如"mūsu"，意即「冰」，卷四作「麥肖」，卷二十四作「買僧」。布扎爾額布根，蒙古語讀如"bujar ebugen"，意即「污穢老人」，卷五作「不只愛不干」。巴圖摩多，蒙古語讀如"batu modo"，意即「結實樹木」，卷五作「拔都抹台」。忠巴圖，蒙古語讀如"jung batu"，意即「靈性結實」，卷五作「宗拔突」。沙木斯鼎，蒙古語讀如"šamsdin"，係回人名，卷五作「贍思丁」，卷十作「苫思丁」，卷一一三作「陝思丁」。達哩岱，蒙古語讀如"daridai"，意即「有火藥」，卷五作「答里帶」。索多，蒙古語讀如"sodo"，意即「大翎」，卷五作「三島」，卷九作「唆都」，卷二十九作「鎖禿」，卷一一五作「梭都」，卷一三九作「碩德」。薩奇蘇，蒙古語讀如"sakisu"，意即「看守」，卷五作「撒吉思」。誥格，讀如"g'aoge"，卷五作「杲哥」，無解義。和爾布哈，蒙古語讀如"hoor buha"，意即「壽牝牛」，卷五作「忽魯不花」。巴雅爾哈雅，蒙古語讀如"bayar haya"，意即「喜山墻」，卷五作「不眼里海牙」，卷十四作「不

顏里海牙」。努克，蒙古語讀如“nuke”，意即「孔」，卷五作「奴哥」。和斯濟勒，蒙古語讀如“hos jil”，意即「雙年」，卷五作「忽撒吉」。博多歡，滿洲語讀如“bodogon”，意即「謀略」，卷五作「博都歡」。納喇丹，蒙古語讀如“naradan”，意即「有日」，卷五作「納剌丁」。

庫庫岱，蒙古語讀如“kukudai”，意即「有青色」，卷五作「闊闊帶」。伯嘉努，讀如“begiyanu”，卷五作「百家奴」，卷四十一作「伯家奴」，無解義。布嚕魯，滿洲語讀如“burulu”，意即「紅沙馬」，卷五作「不里剌」。輝圖，蒙古語讀如“hoitu”，意即「後」，卷五作「懷都」，卷一二一作「霍都」，又作「火都」。額森布哈，蒙古語讀如“esen buha”，意即「平安牡牛」，卷五作「阿鮮不花」，卷十八作「也先不花」，卷一三九作「野仙溥花」。實喇諤都，蒙古語讀如“sira ūdu”，意即「黃色鳥翅翎」，卷五作「昔剌斡脫」。察克布哈，蒙古語讀如“cak buha”，意即「時牡牛」，卷五作「茶不花」，卷八作「察不花」。瑪哈穆特，蒙古語讀如“mahamut”，意即「五行之行」，卷五作「馬哈麻」，卷十二作「馬合馬」，卷十四作「馬合謀」，卷二十九作「馬合謨」，卷三十作「馬合某」，卷三十三作「馬哈某」，卷一九四作「馬合木」。扎瑪里鼎，蒙古語讀如“jamalidin”，係回人名，卷五作「扎馬剌丁」，卷四十八作「扎馬魯丁」。伊克德勒台，蒙古語讀如“ike deltai”，意即「有大衣服」，卷五作「亦黑迭兒丁」。德沁諾延，唐古特語讀如“decin noyan”，意即「大安官長」，卷五作「迭怯那延」。烏勒希，滿洲語讀如

"ulhi"，意即「袖」，卷五作「兀良吉」。薩里圖，蒙古語讀如"salitu"，意即「有地弩」，卷五作「撒里都」。

錫津，滿洲語讀如"sijin"，意即「鷹腳線」，卷五作「線箕」。哈喇哈線，蒙古語讀如"hara hana"，意即「黑色氊盧墻」，卷五作「合剌合納」。錫勒希，滿洲語讀如"silhi"，意即「膽」，卷五作「昔撒昔」。阿敦，滿洲語讀如"adun"，意即「牧群」，卷五作「按敦」，卷六作「按東」，卷四十六作「阿都溫」。茂巴爾，蒙古語讀如"moo bar"，意即「不善虎」，卷五作「夢八剌」，卷十三作「木八剌」。阿爾布哈，蒙古語讀如"ar buha"，意即「花紋牡牛」，卷五作「愛不花」，卷二十二作「阿里不花」。蘇爾托音，蒙古語讀如"sur toin"，意即「威僧」，卷五作「唆脫顏」。扎拉，蒙古語讀如"jala"，意即「帽纓」，卷五作「扎剌」，卷六作「扎剌兒」，卷一五〇作「查剌」，卷二〇八作「箚剌」。算濟，蒙古語讀如"sonji"，意即「已遠」，卷五作「算吉」。阿哈托音，蒙古語讀如"aha toin"，意即「兄長僧」，卷五作「阿合脫因」。布拉噶，蒙古語讀如"bulaga"，意即「貂鼠」，卷五作「不魯花」。呼察，蒙古語讀如"hūca"，意即「未騸羊」，卷五作「忽察」。阿爾察，蒙古語讀如"arca"，意即「松柏枝」，卷五作「阿里察」。明安，蒙古語讀如"minggan"，意即「千數」，卷五作「忙安」，卷一五三作「猛安」。伊埒孟古岱，蒙古語讀如"ile munggudai"，意即「明顯有銀」，卷五作「攸忙兀帶」。阿里，回語讀如"ali"，意即「大」，從卷五原文，卷一一九作「按禮」，卷一四九作「阿力」。

雅蘇，蒙古語讀如“yasu”，意即「骨」，卷六作「牙西」。烏嚕克台，蒙古語讀如“uruktai”，意即「有親戚」，卷六作「兀魯帶」。敏珠爾丹，唐古特語讀如“minjur dan”，意即「無違全」，卷六作「麥朮丁」，卷四十一作「買朮丁」，卷四十三作「買住丁」。帕嚕鼎，蒙古語讀如“parudin”，係回人名，卷六作「別魯丁」。寶赫鼎，讀如“booheding”，卷六作「寶合丁」，無解義。拜甡，蒙古語讀如“baising”，意即「房舍」，卷六作「拜行」，卷一二二作「白撒」。和琳岱爾，蒙古語讀如“horin dair”，意即「二十牡鹿」。安圖，滿洲語讀如“antu”，意即「山陽」，卷六作「安童」，卷一二〇作「安到」，卷一四八作「按脫」。巴延，蒙古語讀如“bayan”，意即「富」，卷六作「伯顏」，卷十七作「拜延」，卷四十二作「栢顏」。招布哈，蒙古語讀如“joo buha”，意即「百數牝牛」，卷六作「抄不花」。多木達，蒙古語讀如“domda”，意即「中」，卷六作「朵端」。和爾扎實，唐古特語讀如“h'or jasi”，意即「蒙古吉祥」，卷六作「和哲斯」。赫德，滿洲語讀如“hede”，意即「遺產業」，卷六作「黑的」。呼圖克岱爾，蒙古語讀如“hūtuk dair”，意即「福牡鹿」，卷六作「忽都答兒」，卷八作「忽都帶兒」，卷二十五作「護都沓兒」，卷二十六作「忽都達兒」，卷八十一作「護都答兒」。沙卜珠丹，唐古特語讀如“šabju dan”，意即「字鈎全」，卷六作「散竹帶」，卷二十三作「散朮帶」，卷二十九作「散朮台」，卷三十作「散兀只台」，卷一二三作「散竹台」，卷一五三作「散祝台」，卷二〇八作「山朮觮」。

　　伊蘇岱爾，蒙古語讀如 "isu dair" ，意即「九牡鹿」，卷六作「也速帶兒」，卷七作「也速答兒」，卷十八作「也速答而」，卷二十一作「也速迭而」，卷三十二作「也速台兒」，又作「也速臺兒」，卷四十三作「也速迭兒」。愛魯克，蒙古語讀如 "ailuk" ，意即「譏誚」，卷六作「愛魯」。克們，滿洲語讀如 "kemun" ，意即「規模」，卷六作「怯綿」。阿努班迪噶，梵語讀如 "anu bandig'a" ，意即「無上修成」，卷六作「阿努版的哥」。扎蘭，滿洲語讀如 "jalan" ，意即「世」，卷六作「折蘭」。達朗，蒙古語讀如 "dalang" ，意即「河堤」，卷六作「天郎」，卷三十五作「答憐」。李嘉努，讀如 "ligiyanu" ，卷六作「李家奴」，無解義。溫都蘇，蒙古語讀如 "ūndusu" ，意即「根本」，卷六作「渾都速」。巴喇噶，蒙古語讀如 "baraga" ，意即「產業」，卷六作「八剌合」。實克濟，蒙古語讀如 "sikeji" ，意即「小指」，卷六作「習怯吉」。多托爾，蒙古語讀如 "dotor" ，意即「內」，卷六作「脫朵兒」，卷二〇八作「脫脫兒」。布爾罕，蒙古語讀如 "burhan" ，意即「佛」，卷六作「不干」，卷十四作「不魯合罕」，卷十九作「不剌罕」，卷一四八作「孛里海」。和爾果斯，蒙古語讀如 "horgos" ，意即「牧地遺矢」，卷六作「和禮霍孫」，卷十五作「火魯火孫」。圖古勒，蒙古語讀如 "tugūl" ，意即「牛犢」，卷六作「獨胡剌」，卷二十二作「禿忽魯」。

　　索和爾，蒙古語讀如 "sohor" ，意即「瞽目」，卷六作「唆火兒」。鄂爾多斯布哈，蒙古語讀如 "ordos buha" ，「鄂爾多斯」即鄂爾多，意即「亭」，「布哈」意即「牡

牛」，卷六作「斡朶思不花」。特訥克，蒙古語讀如
"tenek"，意即「愚」，卷六作「頭輦哥」，卷十二作「塔
納合」。阿爾斯蘭，蒙古語讀如 "arslan"，意即「獅」，
卷七作「阿思蘭」，卷二十三作「阿兒思蘭」，卷三十八
作「阿兒厮蘭」，卷四十二作「阿思藍」。托克托岱爾，
蒙古語讀如 "tokto dair"，意即「定牡鹿」，卷七作「脫脫
朶兒」。烏蘭濟達，蒙古語讀如 "ulan jida"，意即「紅色
槍」，卷七作「兀良吉帶」。特濟，蒙古語讀如 "teji"，
意即「裝載」，卷七作「帖只」，卷一九五作「帖桀」。
伊實，唐古特語讀如 "isi"，意即「智慧」，卷七作「曳
失」，卷十三作「押失」，卷二十六作「也舍」。博和
哩，滿洲語讀如 "bohori"，意即「豌豆」，卷七作「伯忽
兒」。阿爾哈雅，蒙古語讀如 "ar haya"，意即「花紋山
墻」，卷七作「阿里海牙」，又作「阿剌海牙」，卷二十七
作「阿禮海牙」，卷一一二作「阿海牙」，卷一五三作「阿
爾海涯」。阿里布，滿洲語讀如 "alibu"，意即「呈遞」，
卷七作「阿里伯」。諤都瑪勒，蒙古語讀如 "ūdu mal"，意
即「鳥翅翎牲畜」，卷七作「兀都蠻」。和尼齊，蒙古語讀
如 "honici"，意即「牧羊人」，卷七作「火你赤」，卷十
一作「火尼赤」，卷一二九作「火而赤」。喇卜丹，唐古特
語讀如 "rabdan"，意即「堅固」，卷七作「阿老瓦丁」，
卷一二三作「阿剌瓦丁」。

　　伊實布，滿洲語讀如 "isibu"，意即「致」，卷七作
「亦速夫」，卷一四九作「耶厮不」。青哈，蒙古語讀如
"cingha"，意即「嚴」，卷七作「趁海」。浩爾齊，蒙
古語讀如 "hoorci"，意即「吹口琴人」，卷七作「忽林

赤」，卷四十四作「火里赤」，卷一七三作「忽兒赤」。
扎拉布哈，蒙古語讀如"jala buha"，意即「帽纓牤牛」，
卷七作「扎剌不花」。奇爾濟蘇，蒙古語讀如"kir jisu"，
意即「斑點顏色」，卷七作「曲立吉思」，卷十一作「闊
里吉思」，卷三十一作「闊兒吉思」，卷一六二作「曲
里吉思」。托克托穆爾，蒙古語讀如"tokto mur"，意即
「定踪跡」，卷七作「脫脫木兒」，卷四十五作「脫脫穆
而」。呼圖克鼐爾，蒙古語讀如"hūtuk nair"，意即「福
和氣」，卷七作「忽都納」，卷一二三作「忽都那」。阿
嚕特穆爾，蒙古語讀如"aru temur"，意即「山陰鐵」，
卷七作「阿魯帖木兒」。圖格，蒙古語讀如"tuge"，意即
「一扎」，卷七作「禿哥」。約蘇，蒙古語讀如"yosu"，
意即「道理」，卷七作「欲速」，卷二十三作「樂實」。
格隆，唐古特語讀如"gelung"，意即「比邱」，卷七作
「公弄」。蘇爾約蘇貝，蒙古語讀如"sur yosu bui"，意即
「有威儀」，卷七作「小云失別」。達勒巴，蒙古語讀如
"dalba"，意即「船篷」，卷七作「答里伯」，卷十五作
「答兒伯」。伊斯瑪音，蒙古語讀如"ismayen"，係回人
名，卷七作「亦思馬因」，卷十八作「亦思麻殷」。阿實
克布哈，蒙古語讀如"asik buha"，意即「利牤牛」，卷八
作「愛先不花」，又作「阿先不花」，卷二十二作「阿沙
不花」，卷二〇六作「愛仙不花」。阿錫頁，蒙古語讀如
"asiye"，係回人名，卷八作「愛薛」。察楚克，蒙古語讀
如"cacuk"，意即「穗」，卷八作「扎木呵」。雅善罕，
蒙古語讀如"yašanh'an"，係回人名，卷八作「押失寒」。
噶瑪拉實哩，梵語「噶瑪拉」讀如"g'amala"，意即「蓮花

葉」，「實哩」讀如“siri”，意即「威」，卷八作「勘馬剌失里」。實里巴，蒙古語讀如“siliba”，意即「選拔」，卷八作「失里伯」，卷一五〇作「闍里必」，卷一五一作「闍里必」，卷一五三作「闍里畢」。烏爾古岱，蒙古語讀如“urgūdai”，意即「滋生」，卷八作「兀魯忽奴帶」，卷一〇八作「兀古帶」，卷一三三作「斡魯忽台」。赫伯，滿洲語讀如“hebe”，意即「商議」，卷八作「合伯」，卷十作「哈伯」，卷十二作「合班」，卷十八作「曷伯」。塔實雅拉，蒙古語讀如“tasiyala”，意即「間隔」，卷八作「塔匣剌」，卷九十八作「塔匣匣來」。哈達台，蒙古語讀如“hadatai”，意即「有山峰」，卷八作「答帶」。實保齊巴圖，蒙古語讀如“sibaoci batu”，意即「養禽鳥人結實」，卷八作「昔博赤伯都」。碩色克圖，滿洲語讀如“suwe sektu”，意即「通達靈透」，卷八作「薛闍禿」，

　巴喇珠，蒙古語讀如“baraju”，意即「完」，卷八作「孛兀兒出」，卷一三七作「八剌朮」。訥古伯，蒙古語讀如“negube”，意即「遷移」，卷八作「聶古伯」，卷十一作「捏古伯」。伊齊爾台，蒙古語讀如“icirtai”，意即「可恥」，卷八作「亦乞里帶」，卷一三二作「亦乞里歹」，卷一四三作「亦乞剌台」。阿爾彬，蒙古語讀如“arbin”，意即「省儉」，卷八作「阿里必」，卷九作「阿里別」。拉爾錦，滿洲語讀如“largin”，意即「繁劇」，卷八作「剌剌吉」。約蘇穆爾沙津哈尚，蒙古語讀如“yoso mur šajin hašang”，意即「道理踪跡教遲純」，卷八作「要速木咱興憨失」。呼巴哩巴圖，蒙古語讀如“hūbari batu”，意即「田畔結實」，卷八作「古不來拔都」。哈

喇哈斯，蒙古語讀如 "hara has" ，意即「黑玉」，卷八作「合剌合孫」，卷二十二作「哈剌哈孫」，卷一一八作「哈兒哈孫」。哈斯哈雅，蒙古語讀如 "has haya" ，意即「玉山墻」，卷八作「忽失海牙」，卷一一二作「哈失海牙」。巴勒沁，唐古特語讀如 "bal cin" ，意即「威大」，卷八作「必剌冲」，又作「必剌充」。克呼克額濟類，蒙古語讀如 "kerek ejilei" ，意即「事專主」，卷八作「怯烈乃也只里」。呼敦，滿洲語讀如 "hūdun" ，意即「急快」，卷八作「忽敦」。

表中人名命名，有其特色，和爾齊（horci），意即「造箭壺人」。默爾格齊（mergeci），意即「技勇精熟人」。奇塔特（kitat），意即「漢人」。托音（toin），意即「僧」。哈瑪爾（hamar），意即「行圍前引人」。瑪拉噶齊（malagaci），意即「司帽人」。托里齊（tolici），意即「造鏡人」。呼爾敦和爾齊（hūrdun horci），意即「急快造箭人」。和尼齊（honici），意即「牧羊人」。浩爾齊（hoorci），意即「吹口琴人」。格隆（gelung），意即「比邱」。實保齊（sibaoci），意即「養禽鳥人」。以各種行業命名，確實有其意義。表中人名以各種鳥獸命名者頗為常見，布哈（buha），意即「牝牛」，是種公牛。巴爾（bar），意即「虎」。耨埒（neole），意即「寶鼠」。岱爾（dair），意即「牡鹿」。托果斯（togos），意即「孔雀」。布呼（buhū），意即「鹿」。布嚕魯（burulu），意即「紅沙馬」。諤都（ūdu），意即「鳥翅翎」。布拉噶（bulaga），意即「貂鼠」。呼察（hūca），意即「未騸羊」。圖古勒（tugūl），意即「牛犢」。阿爾斯蘭

（arslan），意即「獅」。其中阿拉克布哈（alak buha），意即「花斑牤牛」。奇爾岱布哈（kirdai buha），意即「斑點牤牛」。和爾布哈（hoor buha），意即「毒牤牛」。額森布哈（esen buha），意即「平安牤牛」。察克布哈（cak buha），意即「時牤牛」。阿爾布哈（ar buha），意即「花紋牤牛」。招布哈（joo buha），意即「百數牤牛」。鄂爾多斯布哈（ordos buha），意即「亭牤牛」。扎拉布哈（jala buha），意即「帽纓牤牛」。阿實克布哈（asik buha），意即「利牤牛」。明安岱爾（mingan dair），意即「千數牡鹿」。和琳岱爾（horin dair），意即「二十牡鹿」。呼圖克岱爾（hūtuk dair），意即「福牡鹿」。伊蘇岱爾（isu dair），意即「九數牡鹿」。托克托岱爾（tokto dair），意即「定牡鹿」。以人體長相命名，亦有其特色，星納噶爾（singnagar），意即「捲鼻」。索和爾（sohor），意即「瞽目」。珠爾噶岱（jurgadai），意即「六指」。語解人名對探討元朝命名習俗提供了頗多珍貴資料。

欽定元史語解卷十二

人名

闍嚕　阿喇哈

揚恰　唐古特語揚聲音也恰爾兩也卷八作晏微兒

圓額懇　阿達木

圖們岱　圖們萬數也岱有也卷八作禿滿帶卷一百五十四作禿滿互併改

欽定四庫全書

訥古訥德勒　烏勒

欽定元史語解　卷十二　一

訥古德勒　遊牧處也卷八作納忽帶兒卷二十作捏苦迭而卷一百三十八作納忽魯併改

十二、《欽定元史語解》人名（四）

《欽定元史語解·人名》滿漢對照表

順次	滿洲語	漢　字	羅馬拼音	詞　義
1		揚恰爾	yang ciyar	唐古特語，聲音雨
2		圖們岱	tumendai	蒙古語，有萬數
3		訥古德勒	negudel	蒙古語，遊牧處
4		扎達蘇	jadasu	蒙古語，弓弰插口
5		蒙果勒	monggol	蒙古語，蒙古
6		拜珠	baiju	蒙古語，有
7		實默	sime	蒙古語，津液
8		塔布岱	tabudai	蒙古語，有五

順次	滿洲語	漢　字	羅馬拼音	詞　義
9		圖　烈	tuliye	蒙古語， 燒柴
10		察　罕 布　哈	cagan buha	蒙古語， 白色牝牛
11		安塔哈	antaha	滿洲語， 客
12		呼巴哩	hūbari	蒙古語， 田畔
13		薩　迪 密迪哩	sadi midiri	梵語， 善慈
14		托博和 囉噶圖	tobo horogatu	蒙古語， 高阜 有院
15		烏　嚕	uru	滿洲語， 是
16		蘇酒坦	surtan	蒙古語， 有威
17		都木達	dumda	蒙古語， 中

順次	滿洲語	漢字	羅馬拼音	詞義
18		奇爾黑色	kir mese	蒙古語，斑點器械
19		伊特實穆	isi temur	智慧鐵
20		哈喇妻台	hara luotai	蒙古語，有黑龍
21		圖烈齊	tuliyeci	蒙古語，司柴人
22		和和	hoho	滿洲語，豆角
23		舒沁布	šu cimbu	唐古特語，弓大
24		綽哈	cooha	滿洲語，兵
25		伯奇台	bekitai	蒙古語，有堅固

順次	滿洲語	漢　字	羅馬拼音	詞　義
26		烏爾圖托輝	urtu tohoi	蒙古語，長肘
27		實保	sibao	蒙古語，禽鳥
28		温都爾濟遜	ūndur jisun	蒙古語，高顏色
29		呼圖克特穆爾	hūtuk temur	蒙古語，福鐵
30		哲辰	jecen	滿洲語，邊疆
31		烏瑪喇	umara	蒙古語，北
32		實喇罕	sirahan	蒙古語，微黃色

順次	滿洲語	漢　字	羅馬拼音	詞　義
33		巴　延 徹　爾	bayan cer	蒙古語， 富潔淨
34		頟　森 呼　圖　克	esen hūtuk	蒙古語， 平安福
35		希　扎	hija	滿洲語， 爐
36		拜奇　頁 勒密　實	baikiyelmiši	蒙古語， 回人名
37		密　里 呼　忻	milihūhin	蒙古語， 回人名
38		婁　達　袞	luo dagūn	蒙古語， 龍聲音
39		塔　海	tahai	蒙古語， 小
40		福　珠	fuju	

順次	滿洲語	漢字	羅馬拼音	詞義
41		康戩	k'ang jiyan	唐古特語，有房
42		嘉爾噶斡	giyag'arwa	唐古特語，大西天人
43		阿里鼎	alidin	蒙古語，回人名
44		寧濟	ningji	唐古特語，慈
45		姜衞	giyang ui	
46		頁特密實	yetmiši	回語，七十
47		巴爾圖丹	baturdan	蒙古語，有勇
48		拜達勒	baidal	蒙古語，形像
49		台哈布哈	taiha buha	長毛細狗牝牛

順次	滿洲語	漢字	羅馬拼音	詞　義
50		額森	esen	蒙古語，平安
51		圖們岱	tumen dair	蒙古語，萬牡鹿
52		阿納噶木	anag'am	蒙古語，阿含
53		哈喇岱	haradai	蒙古語，有黑色
54		推特穆爾	tuil temur	蒙古語，極鐵
55		伊蘇哈雅	isu haya	蒙古語，九山墻
56		阿穆	amu	蒙古語，糧
57		阿巴齊	abaci	蒙古語，行圍人

順次	滿洲語	漢　字	羅馬拼音	詞　義
58		拜穆蘇	bai mūsu	蒙古語， 不動冰
59		達實多	dasi do	唐古特語， 吉祥經
60		實喇卜丹	sirab dan	唐古特語， 聰明全
61		哈達 奇爾台	hada kirtai	蒙古語， 山峰 有斑點
62		阿拉	ala	滿洲語， 平矮山
63		呼遜	hūsun	滿洲語， 力
64		阿繅繖	asaosan	蒙古語， 問
65		圖嚕齊	turuci	蒙古語， 為首人

順次	滿洲語	漢　字	羅馬拼音	詞　義
66		托和木哈喇	tohom hara	蒙古語，騮黑色
67		蘇爾托迪	sur todi	蒙古語，威鸚鵡
68		伊蘇特穆爾	isu temur	蒙古語，九鐵
69		諤格類	ūgelei	蒙古語，壯大
70		瑪南	manan	蒙古語，氤氳之氣
71		雅蘇克	yasu ke	蒙古語，骨潔淨
72		托爾齊	torci	蒙古語，絆住
73		巴勒丹	baldan	唐古特語，威全

順次	滿洲語	漢　字	羅馬拼音	詞　義
74		巴延岱	bayandai	蒙古語， 有富
75		伊聶濟	iniyeji	蒙古語， 笑
76		納爾琿	narhūn	滿洲語， 細
77		薩都	sadu	梵語， 心
78		沁達罕	cindahan	滿洲語， 天馬
79		賽音扎拉	sain jala	蒙古語， 好帽纓
80		呼巴哩 巴爾斯台	hūbari barstai	蒙古語， 田畔 有虎
81		鄂博 布哈	obo buha	蒙古語， 堆石祭處 牝牛
82		呼達	hūda	滿洲語， 價值

順次	滿洲語	漢　字	羅馬拼音	詞　義
83		塔爾巴噶	tarbaga	蒙古語，獺
84		古　納	gūna	蒙古語，三歲牛
85		阿　達	ada	滿洲語，筏子
86		安巴堪 訥默音	ambakan nemeyen	滿洲語，略大溫和
87		烏拉岱	uladai	滿洲語，有驛站馬匹
88		雅爾哈	yarha	滿洲語，豹
89		伊克濟德	ike deji	蒙古語，大上分
90		伯奇特穆爾	beki temur	蒙古語，堅固鐵

順次	滿洲語	漢　字	羅馬拼音	詞　義
91		博　囉 哈　達	boro hada	蒙古語， 青色山峰
92		呼　剌　圖	hūratu	蒙古語， 有雨
93		伊　克 徹　爾	ike cer	蒙古語， 大潔淨
94		托　和　木	tohom	蒙古語， 韂
95		伊　爾	ir	蒙古語， 刃
96		約　尼	yooni	滿洲語， 全
97		阿　齊　哈	aciha	滿洲語， 馱子
98		穆　爾 烏　克	mur uk	蒙古語， 踪跡根
99		齊　喇　拉	cirala	滿洲語， 令嚴
100		嘉　琿	giyahūn	滿洲語， 鷹

順次	滿洲語	漢　字	羅馬拼音	詞　義
101		斯隆瑪	srungma	唐古特語，護法
102		托色呼遜	toose hūsun	滿洲語，權力
103		琿都	hundu	滿洲語，後羅鍋
104		丹巴巴克實	damba baksi	唐古特語，教師
105		桂齊哈瑪爾圖	guici hamartu	善跑人有行圍前引人
106		哈瑪爾圖	hamartu	蒙古語，有行圍前引人
107		重嘉努	junggiyanu	

順次	滿洲語	漢　字	羅馬拼音	詞　義
108		伊 圴 黙 色	ile mese	蒙古語，明顯器械
109		僧頴圴	senggele	滿洲語，雞冠
110		濟古爾	jigur	蒙古語，鳥翼
111		扎 木 和 拉	jam hola	蒙古語，路遠
112		集 賽 諾 海	jisai nohai	蒙古語，班次犬
113		台 布	taibu	滿洲語，柁
114		哈 喇 蘇 黙	hara sume	蒙古語，黑色廟
115		德 濟 特 哩	deji teri	蒙古語，上分整齊

順次	滿洲語	漢　字	羅馬拼音	詞　義
116		阿必實克	abisik	蒙古語，灌頂
117		諤勒哲圖	ūljeitu	蒙古語，有壽
118		布敦	budun	蒙古語，粗
119		僧格	sengge	唐古特語，獅
120		布色特穆爾	buse temur	蒙古語，帶鐵
121		塔海特穆爾	tahai temur	蒙古語，小鐵
122		尼格塔納	nige tana	蒙古語，一東珠
123		布色台	busetai	蒙古語，有帶

順次	滿洲語	漢　字	羅馬拼音	詞　義
124		蘇都爾丹	sudurdan	蒙古語，有史
125		鄂色玉　特爾勒瑪	ot ser pilma	唐古特語，金光敷衍
126		宰努鼎	dzainuding	
127		賽音	sain	蒙古語，好
128		陸實	luši	
129		堅通	giyantung	
130		瑪蘇庫	muwa sukū	滿洲語，粗皮
131		扎薩克	jasak	蒙古語，政治

順次	滿洲語	漢字	羅馬拼音	詞義
132		達爾瑪 巴拉 喇吉塔	darma bala ragita	梵語， 法欲 守護
133		保住	booju	
134		必齊克 特穆爾	bicik temur	蒙古語， 書鐵
135		諾木齊	nomci	蒙古語， 嗶經人
136		實喇 特穆爾	sira temur	蒙古語， 黃色鐵
137		阿爾圖	artu	蒙古語， 有花紋
138		布古岱	bugūdai	蒙古語， 有鹿
139		布瑪都勒	budumal	蒙古語， 染

順次	滿洲語	漢　字	羅馬拼音	詞　義
140		庫　庫 尼　敦	kuku nidun	蒙古語， 青色眼
141		烏　訥 格　台	unegetai	蒙古語， 狐
142		諤　尼 庫　特齊	ūni kuteci	蒙古語， 長久跟役
143		和　塔拉 默　色	hotala mese	蒙古語， 普遍器械
144		桑 阿　克爾 達　爾	sang ak dar	唐古特語， 秘密咒 開廣
145		埒　克	leke	滿洲語， 礪石
146		呼　雅 克　圖	hūyaktu	蒙古語， 有甲

順次	滿洲語	漢　字	羅馬拼音	詞　義
147		尼古爾台	nigūrtai	蒙古語，體面
148		奇爾哈斯	kir has	蒙古語，斑點玉
149		密拉齊	milaci	蒙古語，執鞭人
150		阿爾威	ar oi	蒙古語，花紋叢林
151		雅依密實	yaimiši	蒙古語，回人名
152		珠卜	jub	唐古特語，成
153		諤特格	ūtege	蒙古語，熊
154		阿納巴斯	anabas	梵語，無定
155		圖嚕古	turugu	蒙古語，頭目

順次	滿洲語	漢字	羅馬拼音	詞義
156		阿哈 巴克實	aha baksi	蒙古語， 兄長師
157		哈塔巴喇爾噶	hara tarbaga	蒙古語， 黑獺

資料來源：《欽定四庫全書》，「史部」，《欽定元史語解》，
卷十二。

　　語解人名表中揚恰爾，唐古特語讀如"yang ciyar"，
意即「聲音雨」，卷八作「晏徹兒」。圖們岱，蒙古語讀
如"tumendai"，意即「有萬數」，訥古德勒，蒙古語讀如
"negudel"，意即「遊牧處」，卷八作「納忽帶兒」，卷
二十作「捏苦迭而」，卷一三八作「納禿魯」。扎達蘇，
蒙古語讀如"jadasu"，意即「弓弰挿口」，卷八作「扎的
失」。蒙果勒，蒙古語讀如"monggol"，意即「蒙古」，
卷八作「忙兀兒」。拜珠，蒙古語讀如"baiju"，意即
「有」，卷八作「伯朮」，卷二十五作「拜住」。實默，
蒙古語讀如"sime"，意即「津液」，卷八作「石買」，卷
一四九作「沙密」。塔布岱，蒙古語讀如"tabudai"，意即
「有五數」，卷八作「塔不帶」，卷一〇〇作「塔不觔」，
卷一〇九作「忒不歹」。圖烈，蒙古語讀如"tuliye"，意
即「燒柴」，卷八作「脫烈」，卷二十六作「脫列」，卷八

十一作「篤烈」。察罕布哈，蒙古語讀如"cagan buha"，意即「白色牡牛」，卷八作「察罕不花」。安塔哈，滿洲語讀如"antaha"，意即「客」，卷八作「阿塔海」。呼巴哩，蒙古語讀如"hūbari"，意即「田畔」，卷八作「忽不來」，卷十一作「忽不剌」，卷一六五作「乎不烈」。薩迪密迪哩，梵語讀如"sadi midiri"，意即「善慈」，卷八作「撒的迷底里」。托博和囉噶圖，蒙古語讀如"tobo horogatu"，意即「高阜有院」，卷八作「脫博忽魯禿花」，又作「脫撥忽魯禿花」。烏嚕，滿洲語讀如"uru"，意即「是非之是」，卷八作「兀魯」。蘇爾坦，蒙古語讀如"surtan"，意即「有威」，卷八作「遜攤」。都木達，蒙古語讀如"dumda"，意即「中」，卷八作「都帶」，卷一一九作「都觷」，卷一三二作「都丹」。

奇爾默色，蒙古語讀如"kir mese"，意即「斑點器械」，卷八作「乞里迷失」。伊實特穆爾，唐古特語「伊實」讀如"isi"，意即「智慧」，蒙古語「特穆爾」讀如"temur"，意即「鐵」，卷八作「玉昔帖木兒」，卷三十二作「雅失帖木兒」，卷一三五作「亞失帖木兒」。哈喇婁台，蒙古語讀如"hara luotai"，意即「有黑龍」，卷九作「合兒魯帶」。圖烈齊，蒙古語讀如"tuliyeci"，意即「司柴人」，卷九作「禿林察」。和和，滿洲語讀如"hoho"，意即「豆角」，卷九作「火忽」，卷十四作「回回」，卷一六二作「霍虎」。舒沁布，唐古特語讀如"šu cimbu"，意即「弓大」，卷九作「小鈐部」。綽哈，滿洲語讀如"cooha"，意即「兵」，卷九作「丑漢」，卷二十四作「醜漢」，卷一二三作「抄海」，卷一九五作「潮海」。

伯奇台，蒙古語讀如 "bekitai"，意即「有堅固」，卷九作「不吉帶」，卷九十九作「布吉觮」。烏爾圖托輝，蒙古語讀如 "urtu tohoi"，意即「長肘」，卷九作「兀兒禿唐忽」。實保，蒙古語讀如 "sibao"，意即「禽鳥」，卷九作「昔班」，卷四十一作「沙班」。溫都爾濟遜，蒙古語讀如 "ūndur jisun"，意即「高顏色」，卷九作「暗都剌即思」。呼圖克特穆爾，蒙古語讀如 "hūtuk temur"，意即「福鐵」，卷九作「忽都帖木兒」，卷十二作「渾都帖木兒」，卷十三作「忽都鐵木兒」，卷三十五作「渾禿帖木兒」，卷一二二作「虎都鐵木祿」。哲辰，滿洲語讀如 "jecen"，意即「邊疆」，卷九作「苫徹」。

烏瑪喇，蒙古語讀如 "umara"，意即「北」，卷九作「烏馬兒」，卷十二作「忽馬兒」，又作「兀馬兒」，卷十六作「烏里兒」。實喇罕，蒙古語讀如 "sirahan"，意即「微黃色」，卷九作「昔里罕」。巴延徹爾，蒙古語讀如 "bayan cer"，意即「富潔淨」，卷九作「伯顏察兒」，卷十八作「伯顏察而」。額森呼圖克，蒙古語讀如 "esen hūtuk"，意即「平安福」，卷九作「也先忽都」，卷二十作「也先忽都魯」。希扎，滿洲語讀如 "hija"，意即「爐」，卷九作「行者」。拜奇頁勒密實，蒙古語讀如 "baikiyelmiši"，回人名，卷九作「別乞里迷失」。密里呼忻，蒙古語讀如 "milihūhin"，回人名，卷九作「迷里忽辛」，卷十作「密立忽辛」。婁達袞，蒙古語讀如 "luo dagūn"，意即「龍聲音」，卷九作「龍答溫」。塔海，蒙古語讀如 "tahai"，意即「小」，卷九原文作「塔海」，卷十七作「答海」。福珠，蒙古語讀如 "fuju"，卷九作

「福住」，無解義。康戩，唐古特語讀如"k'ang jiyan"，
意即「有房」，卷九作「亢吉」。嘉噶爾幹，唐古特語讀如
"giyag'arwa"，意即「大西天人」，卷九作「加加瓦」。
阿里鼎，蒙古語讀如"alidin"，回人名，卷九作「阿立
丁」。寧濟，唐古特語讀如"ningji"，意即「慈」，卷九
作「寧占」。姜衞，唐古特語讀如"giyang ui"，意即「北
中」，卷九作「相戚」。頁特密實，回語讀如"yetmiši"，
意即「七十」，卷九作「也的迷失」，卷十三作「月的迷
失」，卷十八作「也的迷沙」，又作「又底迷失」。巴圖爾
丹，蒙古語讀如"baturdan"，意即「有勇」，卷九作「別
都魯丁」。

　　拜達勒，蒙古語讀如"baidal"，意即「形像」，卷九
作「拜答兒」，卷十五作「伯答兒」，卷一〇七作「伯達
兒」，卷一二九作「拜答力」，卷一五一作「孛迭兒」。
台哈布哈，滿洲語「台哈」讀如"taiha"，意即「長毛細
狗」，蒙古語「布哈」讀如"buha"，意即「牡牛」，卷
十作「太不花」，卷二十七作「泰普化」，卷四十二作
「泰不花」，卷一九〇作「泰不華」。額森，蒙古語讀
如"esen"，意即「平安」，卷十作「也先」，卷八十一
作「野仙」，卷一三〇作「安僧」。圖們岱爾，蒙古語
讀如"tumen dair"，意即「萬數牡鹿」，卷十作「禿滿
答兒」，卷十四作「脫滿答兒」，卷二十六作「禿滿迭
兒」，卷一二二作「忒木台兒」，又作「禿滿答」。阿納
噶木，蒙古語讀如"anag'am"，意即「阿含」，卷十作
「阿你哥」，卷十六作「阿尼哥」。哈喇岱，蒙古語讀如
"haradai"，意即「有黑色」，卷十作「合剌帶」，卷十七

作「哈刺歹」，卷六十五作「哈刺觲」，卷一三五作「哈刺阿答」。推勒特穆爾，蒙古語讀如"tuil temur"，意即「極鐵」，卷十作「禿刺鐵木兒」，卷二十作「禿刺鐵木而」。伊蘇哈雅，蒙古語讀如"isu haya"，意即「九數山墻」，卷十作「也速海牙」。阿穆，蒙古語讀如"amu"，意即「糧」，卷十作「阿牟」，卷十一作「阿謀」。阿巴齊，蒙古語讀如"abaci"，意即「行圍人」，卷十作「阿八赤」，卷一二〇作「阿葩實」，卷一二三作「阿必宗」，又作「愛不怯」。拜穆蘇，蒙古語讀如"bai mūsu"，意即「不動冰」，卷十作「伯麻思」。

達實多，唐古特語讀如"dasi do"，意即「吉祥經」，卷十作「達十多」，卷二十二作「大慈都」，卷四十二作「答失禿」。實喇卜丹，唐古特語讀如"sirab dan"，意即「聰明全」，卷十作「舍里甫丁」，卷一四六作「涉獵發丁」。哈達奇爾台，蒙古語讀如"hada kirtai"，意即「山峰有斑點」，卷十作「答乞帶」。阿拉，滿洲語讀如"ala"，意即「平矮山」，卷十作「阿刺」，卷二十八作「阿來」。呼遜，滿洲語讀如"hūsun"，意即「力」，卷十作「忽辛」，卷一四七作「胡速」。阿繅繖，蒙古語讀如"asaosan"，意即「問」，卷十作「阿散先」。圓嚕齊，蒙古語讀如"turuci"，意即「為首人」，卷十作「禿魯赤」，卷一三三作「禿兒赤」。托和木哈喇，蒙古語讀如"tohom hara"，意即「轎黑色」，卷十作「塔黑麻合兒」。蘇爾托迪，蒙古語讀如"sur todi"，意即「威鸚鵡」，卷十作「撒兒答帶」。伊蘇特穆爾，蒙古語讀如"isu temur"，意即「九鐵」，卷十作「玉速帖木兒」，卷三十

九作「也孫帖木兒」。諤格類，蒙古語讀如“ūgelei”，意即「壯大」，卷十作「玉古倫」。瑪南，蒙古語讀如“manan”，意即「氤氳之氣」，卷十作「馬乃」，卷一二〇作「買訥」。雅蘇克，蒙古語讀如“yasu ke”，意即「骨潔淨」，卷十作「要束合」。托爾齊，蒙古語讀如“torci”，意即「絆住」，卷十作「脫兒赤」，卷一三九作「朵爾赤」，卷一八〇作「脫兒察」。巴勒丹，唐古特語讀如“baldan”，意即「威全」，卷十作「撥里答」，卷三十五作

巴延岱，蒙古語讀如“bayandai”，意即「有富」，卷十作「伯牙兀帶」，卷十二作「伯要帶」，卷九十五作「伯要歹」，卷一〇〇作「伯要觲」。伊聶濟，蒙古語讀如“iniyeji”，意即「笑」，卷十作「牙納木」。納爾琿，滿洲語讀如“narhūn”，意即「細」，卷十作「納里忽」，卷一二三作「乃歡」。薩都，梵語讀如“sadu”，意即「心」，卷十作「散都」，卷三十一作「撒敦」。沁達罕，滿洲語讀如“cindagan”，意即「天馬」，卷十作「乞答合」，卷一三五作「乞答海」。賽音扎拉，蒙古語讀如“sain jala”，意即「好帽纓」，卷十作「散扎兒」。呼巴哩巴爾斯台，蒙古語讀如“hūbari barstai”，意即「田畔有虎」，卷十作「忽必來別速台」。鄂博布哈，蒙古語讀如“obo buha”，意即「堆石以為祭處牡牛」，卷十作「武伯不花」。呼達，滿洲語讀如“hūda”，意即「價值」，卷十作「忽帶」。塔爾巴噶，蒙古語讀如“tarbaga”，意即「獺」，卷十一作「答里不罕」，又作「塔剌不罕」。古納，蒙古語讀如“gūna”，意即「三歲牛」，卷十一作

「谷納」，卷一三三作「如納」，卷一四九作「古乃」。阿達，滿洲語讀如 "ada"，意即「筏子」，卷十一作「阿答」，卷十二作「阿耽」，卷四十五作「愛的」。安巴堪訥默音，滿洲語讀如 "ambakan nemeyen"，意即「略大溫和」，卷十一作「阿八合那木干」。烏拉岱，蒙古語讀如 "uladai"，意即「有驛站馬匹」，卷十一作「兀剌帶」，卷十六作「外剌帶」。雅爾哈，滿洲語讀如 "yarha"，意即「豹」，卷十一作「藥剌海」，卷十三作「要剌海」，卷十八作「岳樂罕」，卷十九作「藥樂罕」，卷二十作「燕里干」，卷一三二作「岳剌海」，卷一三五作「藥剌罕」。

伊克德濟，蒙古語讀如 "ike deji"，意即「大上分」，卷十一作「也罕的斤」。伯奇特穆爾，蒙古語讀如 "beki temur"，意即「堅固鐵」，卷十一作「別乞帖木兒」。博囉哈達，蒙古語讀如 "boro hada"，意即「青色山峰」，卷十一作「不魯合答」，卷一三二作「步魯合答」。呼喇圖，蒙古語讀如 "hūratu"，意即「有雨」，卷十一作「忽烈禿」。伊克徹爾，蒙古語讀如 "ike cer"，意即「大潔淨」，卷十一作「折可察兒」。托和木，蒙古語讀如 "tohom"，意即「韉」，卷十一作「禿古滅」，卷一一九作「禿苦滅」。伊爾，蒙古語讀如 "ir"，意即「刃」，卷十一作「亦來」。約尼，滿洲語讀如 "yooni"，意即「全」，卷十一作「咬難」，卷一九七作「岳納」。阿齊哈，滿洲語讀如 "aciha"，意即「馱子」，卷十一作「阿赤黑」。穆爾烏克，蒙古語讀如 "mur uk"，意即「踪跡根」，卷十一作「迷里兀合」。齊喇拉，滿洲語讀如 "cirala"，意即「令嚴」，卷十一作「怯魯憐」。嘉琿，滿

洲語讀如"giyahūn"，意即「鷹」，卷十一作「教花」。
斯隆瑪，唐古特語讀如"srungma"，意即「護法」，卷十
一作「速剌蠻」，卷一〇八作「速來蠻」。托色呼遜，滿洲
語讀如"toose hūsun"，意即「權力」，卷十一作「禿失忽
思」。琿都，滿洲語讀如"hundu"，意即「後羅鍋」，就
是駝背。丹巴巴克實，唐古特語「丹巴」讀如"damba"，
意即「教」，蒙古語「巴克實」讀如"baksi"，意即
「師」，卷十一作「丹八八合赤」。

　　桂齊哈瑪爾圖，蒙古語讀如"guici hamartu"，意即
「善跑人有行圍前引人」，卷十一作「貴赤合八兒禿」。
哈瑪爾圖，蒙古語讀如"hamartu"，意即「有行圍前引
人」，卷十一作「合拔兒禿」，卷三十一作「哈八兒禿」。
重嘉努，讀如"junggiyanu"，卷十一作「眾家好」，無
解義。伊埒默色，蒙古語讀如"ile mese"，意即「明顯器
械」，卷十一作「也里迷失」，卷一二三作「月里麻思」。
僧額埒，滿洲語讀如"senggele"，意即「雞冠」，卷十一
作「勝兀剌」。濟古爾，蒙古語讀如"jigur"，意即「鳥
翼」，卷十一作「扎忽兒」。扎木和拉，蒙古語讀如"jam
hola"，意即「路遠」，卷十二作「簪木忽兒」。集賽諾
海，蒙古語讀如"jisai nohai"，意即「班次犬」，卷十二作
「怯薛那懷」。台布，滿洲語讀如"taibu"，意即「柁」，
卷十二作「大卜」。哈喇蘇默，蒙古語讀如"hara sume"，
意即「黑色廟」，卷十二作「火魯思迷」。德濟特哩，蒙古
語讀如"deji teri"，意即「上分整齊」，卷十二作「的斤帖
林」。阿必實克，蒙古語讀如"abisik"，意即「灌頂」，
卷十二作「阿必失哈」，卷十三作「阿必赤合」，又作「合

必赤合」，卷十四作「阿必失合」，卷一二四作「阿必實哈」。諤勒哲圖，蒙古語讀如 "ūljeitu"，意即「有壽」，卷十二作「完者都」，卷四十一作「完者圖」，卷四十三作「完者禿」，卷四十六作「桓者篤」，卷一三七作「桓澤都」。布敦，蒙古語讀如 "budun"，意即「粗」，卷十二作「博敦」，卷一二一作「別的因」。僧格，唐古特語讀如 "sengge"，意即「獅」，卷十二作「桑哥」，卷九十九作「三哥」，卷一五三作「三合」。

　　布色特穆爾，蒙古語讀如 "buse temur"，意即「帶鐵」，卷十二作「別速帖木兒」，卷二十八作「別思鐵木兒」，卷一六九作「別里鐵穆而」。塔海特穆爾，蒙古語讀如 "tahai temur"，意即「小鐵」，卷十二作「塔海帖木兒」，卷十九作「塔海鐵木而」。尼格塔納，蒙古語讀如 "nige tana"，意即「一數東珠」，卷十二作「控兀迭納」。布色台，蒙古語讀如 "busetai"，意即「有帶」，卷十二作「別速帶」。蘇都爾丹，蒙古語讀如 "sudurdan"，意即「有史」，卷十二作「撒都魯丁」。鄂特色爾丕勒瑪，唐古特語讀如 "ot ser pilma"，意即「金光敷衍」，卷十二作「兀咱兒撒里馬」。宰努鼎，讀如 "dzainuding"，卷十二作「宰奴丁」，無解義。賽音，蒙古語讀如 "sain"，意即「好」，卷十二作「賽陽」，卷三十五作「賽因」，卷一六九作「賽羊」。陸實，讀如 "luši"，卷十二作「六十」，無解義。堅通，讀如 "giyantung"，卷十二作「堅童」，無解義。瑪蘇庫，滿洲語讀如 "muwa sukū"，意即「粗皮」，卷十二作「抹速忽」。扎薩克，蒙古語讀如 "jasak"，意即「政治」，卷十二作「扎散」。達爾

瑪巴拉喇吉塔，梵語讀如"darma bala ragita"，意即「欲守護法」，卷十二作「答耳麻八刺吉塔」。保住，讀如"booju"，卷十二作「寶住」，無解義。必齊克特穆爾，蒙古語讀如"bicik temur"，意即「書鐵」，卷十二作「必赤帖木兒」。諾木齊，蒙古語讀如"nomci"，意即「唪經人」，卷十二作「奴木赤」。

　　實喇特穆爾，蒙古語讀如"sira temur"，意即「黃色鐵」，卷十二作「闍里帖木兒」。阿爾圖，蒙古語讀如"artu"，意即「有花紋」，卷十二作「阿禿」，卷一百作「阿兒禿」，卷一五四作「阿而禿」，卷一六五作「阿脫」。布古岱，蒙古語讀如"bugūdai"，意即「有鹿」，卷十二作「八忽帶」。布都瑪勒，蒙古語讀如"budumal"，意即「染」，卷十二作「不都蠻」。庫庫尼敦，蒙古語讀如"kuku nidun"，意即「青色眼」，卷十二作「闊闊你敦」。烏訥格台，蒙古語讀如"unegetai"，意即「有狐」，卷十二作「兀奴忽帶」，又作「兀奴忽魯帶」。諤尼庫特齊，蒙古語讀如"ūni kuteci"，意即「長久跟役」，卷十二作「兀訥忽帖只」。和塔拉默色，蒙古語讀如"hotala mese"，意即「普遍器械」，卷十二作「漢都魯迷失」，卷一〇八作「忽答里迷失」。桑阿克達爾，唐古特語讀如"sang ak dar"，意即「秘密咒開廣」，卷十二作「相吾答兒」。埒克，滿洲語讀如"leke"，意即「礪石」，卷十二作「老哥」。呼雅克圖，蒙古語讀如"hūyaktu"，意即「有甲」，卷十二作「忽牙都」。尼古爾台，蒙古語讀如"nigūrtai"，意即「體面」，卷十二作「揑古帶」，卷十三作「聶古帶」，卷一〇八作「聶古觟」，卷一一八作「聶

古台」，卷一二三作「捏古觛」。奇爾哈斯，蒙古語讀如
"kir has"，意即「斑點玉」，卷十二作「怯兒合思」。
密拉齊，蒙古語讀如 "milaci"，意即「執鞭人」，卷十二
作「明里察」。阿爾威，蒙古語讀如 "ar oi"，意即「花
紋叢林」，卷十二作「阿剌畏」。雅依密實，蒙古語讀如
"yaimiši"，回人名，卷十二作「押亦迷失」，卷十七作
「牙亦迷失」，卷一三二作「牙以迷失」。

　　珠卜，唐古特語讀如 "jub"，意即「成」，卷十二作
「尢白」，卷十四作「尢伯」，卷九十七作「住普」。諤
特格，蒙古語讀如 "ūtege"，意即「熊」，卷十二作「也
禿古」。阿納巴斯，梵語讀如 "anabas"，意即「無定」，
卷十二作「愛納八斯」。圖嚕古，蒙古語讀如 "turugu"，
意即「頭目」，卷十二作「禿魯花」。阿哈巴克實，蒙古
語讀如 "aha baksi"，意即「兄長師」，卷十二作「阿合八
失」。哈喇塔爾巴噶，蒙古語讀如 "hara tarbaga"，意即
「黑獺」，卷十二作「合納塔兒八只」。

　　表中人名，以「特穆爾」（temur）為名者頗多，
伊實特穆爾（isi temur），意即「智慧鐵」。呼圖克特
穆爾（hūtuk temur），意即「福鐵」。推勒特穆爾（tuil
temur），意即「極鐵」。伊蘇特穆爾（isu temur），意即
「九鐵」。伯奇特穆爾（beki temur），意即「堅固鐵」。
布色特穆爾（buse temur），意即「帶鐵」。塔海特穆爾
（tahai temur），意即「小鐵」。必齊克特穆爾（bicik
temur），意即「書鐵」。實喇特穆爾（sira temur），意即
「黃鐵」。

　　表中人名，以鳥獸為名者，亦頗常見。實保（sibao），

意即「禽鳥」。托迪（todi），意即「鸚鵡」。嘉琿
（giyahūn），意即「鷹」。僧額埒（senggele），意即「雞
冠」。濟古爾（jigur），意即「鳥翼」。布哈（buha）是
牡牛，察罕布哈（cagan buha），意即「白牡牛」。台哈布
哈（taiha buha），意即「長毛細狗牡牛」。鄂博布哈（obo
buha），意即「堆石祭處牡牛」。哈喇婁台（hara luotai），
意即「有黑龍」。僧格（sengge），意即「獅」。沁達罕
（cindahan），意即「天馬」。巴爾斯台（barstai），意
即「有虎」。諤特格（ūtege），意即「熊」。哈喇塔爾
巴噶（hara tarbaga），意即「黑獺」。古納（gūna），
意即「三歲牛」。雅爾哈（yarha），意即「豹」。布古
岱（bugūdai），意即「有鹿」。烏訥格台（unegetai），
意即「有狐」。阿齊哈（aciha），意即「馱子」。諾海
（nohai），意即「犬」。岱爾（dair），意即「牡鹿」。

　　表中人名，以祥瑞詞彙為名，具有正面的意義。達實
（dasi），意即「吉祥」。額森呼圖克（esen hūtuk），意即
「平安福」。諤勒哲圖（ūljeitu），意即「有壽」。斯隆瑪
（srungma），意即「護法」。尼古爾台（nigūrtai），意即
「體面」。探討命名問題，確實具有意義。

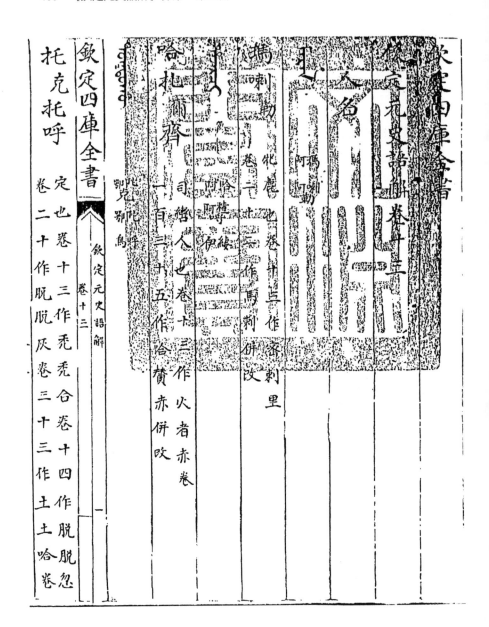

托克托呼　定也卷十三作禿禿合卷十四作脫脫忽卷二十作脫脫灰卷三十三作土土哈卷

欽定四庫全書

欽定元史語解

卷十三

十三、《欽定元史語解》人名（五）

《欽定元史語解・人名》滿漢對照表

順次	滿洲語	漢　字	羅馬拼音	詞　義
1		瑪喇勒	maral	蒙古語， 牝鹿
2		哈扎爾齊	hajarci	蒙古語， 司轡人
3		托克 托呼	toktohū	蒙古語， 定
4		阿嚕 和諾克	aru honok	蒙古語， 山陰宿處
5		巴喇罕 岱爾	baragan dair	蒙古語， 青色 牡鹿
6		法喇	fara	滿洲語， 車轅

順次	滿洲語	漢　字	羅馬拼音	詞　義
7		布 展	bujan	滿洲語， 樹林
8		托 多 爾 海	todorhai	蒙古語， 明白
9		烏 蘇	usu	蒙古語， 水
10		鄂勒歡	olhon	滿洲語， 乾
11		多 羅 岱	dolodai	蒙古語， 有七
12		雲 丹	yundan	唐古特語， 德
13		綽 鄂	co o	唐古特語， 性氣
14		嘉 木 揚 喇 勒 智	jiyamyang ralj'y	唐古特語， 文殊菩薩 智慧劍

順次	滿洲語	漢　字	羅馬拼音	詞　義
15		根扎 敦卜	gendun jab	唐古特語，僧保
16		納穆爾	namur	蒙古語，秋
17		蒙格齊	menggeci	蒙古語，有痣人
18		溫德亨	undehen	滿洲語，板
19		博囉色 默雅 哈	boro mese haya	蒙古語，青色器械山墻
20		薩題勒密實	satilmiši	蒙古語，回人名
21		貝降	bei jiyang	唐古特語，香綠色

順次	滿洲語	漢　字	羅馬拼音	詞　義
22		巴　噶 魯　斯	baga lus	蒙古語， 小龍
23		伊勒呼	ilhū	滿洲語， 一順
24		錫里哈	siliha	滿洲語， 選拔
25		索隆噶	solongga	蒙古語， 虹
26		魯爾	lur	唐古特語， 緊要
27		圖魯卜	tulub	蒙古語， 形像
28		哈　喇 實達爾	hara sidar	蒙古語， 黑色親隨
29		濟噶海 默色	jiruhai mese	蒙古語， 算法 器械

順次	滿洲語	漢字	羅馬拼音	詞義
30		約蘇穆爾	yosu mur	蒙古語，道理踪跡
31		阿拉克特穆爾	alak temur	蒙古語，花斑鐵
32		巴圖特穆爾	batu temur	蒙古語，結實鐵
33		塔珠	taju	
34		舒策	šu ts'e	唐古特語，告訴時
35		阿薩爾哈雅	asar haya	蒙古語，閣山墻

順次	滿洲語	漢　字	羅馬拼音	詞　義
36		舒 蘇 德 濟	šusu deji	蒙古語， 廩給 上分
37		托 里 察 罕	toli cagan	蒙古語， 鏡白色
38		塔奇 呼 阿薩 爾	takihū asar	蒙古語， 祭祀閣
39		阿巴拉	abala	蒙古語， 行圍
40		圖 嚕 古	turugu	蒙古語， 為首
41		濟 嚕 木	jirum	蒙古語， 盞子
42		納 蘇 台	nasutai	蒙古語， 有歲數

順次	滿洲語	漢　字	羅馬拼音	詞　義
43		伊　克 穆　蘇	ike mūsu	蒙古語， 大冰
44		齊　齊克 布　哈	cicik buha	蒙古語， 花牝牛
45		哈喇婁	hara luo	蒙古語， 黑龍
46		雙和爾	šonghor	蒙古語， 海青
47		布格哷	bugere	蒙古語， 腰子

順次	滿洲語	漢　字	羅馬拼音	詞　義
48		巴爾聶 嘉錐巴 沙克 遵喇克巴	niyerba šakjiya dzunjui rakba	唐古特語， 管事人 手印 精進 揚名
49		錫錫	sisi	蒙古語， 高粱
50		擔噶 阿勒托	altan toga	蒙古語， 金數目
51		特色 額默	et mese	蒙古語， 財器械
52		儞克 伊蘇	ir suke	蒙古語， 刃斧

順次	滿洲語	漢　字	羅馬拼音	詞　義
53		托 歡 特 穆 爾	tohon temur	蒙古語， 釜鐵
54		和 斯 布 哈	hos buha	蒙古語， 雙牝牛
55		阿拉克 展	alak jan	蒙古語， 花斑象
56		圖爾哈	turha	滿洲語， 帽月
57		伊瑪克塔 圖古哩克	imakta tugurik	蒙古語， 純圓
58		顯 格	hiyange	
59		巴喇瑪	barama	蒙古語， 單弱

順次	滿洲語	漢字	羅馬拼音	詞　義
60		塔奇爾哈納	takir hana	蒙古語，殘缺氊廬墻
61		圖卜新	tubsin	蒙古語，平
62		伊實凌策凌	isi ts'ering	唐古特語，智慧長壽
63		婁雅蘇布哈	luo yasu buha	蒙古語，龍骨牡牛
64		伊察徹喇	ice cara	滿洲語，新注酒器
65		諤爾根里薩	ūrgen sali	蒙古語，寬地弩

順次	滿洲語	漢　字	羅馬拼音	詞　義
66		沙布鼎	šabudin	蒙古語，回人名
67		呼雅克齊	hūyakci	蒙古語，披甲人
68		安濟蘇	anjisu	蒙古語，犂
69		博果密	bogomi	蒙古語，捕野鷄之活套
70		圖魯庫	tuluku	蒙古語，生
71		繅哩	saori	蒙古語，機
72		嘉勒燦 旺布 博斯噶	jiyalts'an wangbu bosg'a	唐古特語，幢旛權西番語
73		伊都	idu	滿洲語，班次

順次	滿洲語	漢　字	羅馬拼音	詞　　義
74		伊扎爾	ijar	
75		章吉特	janggit	蒙古語，結
76		烏爾圖	urtu	蒙古語，長
77		扎濟古爾	jajigur	蒙古語，腮
78		巴圖魯古倫	baturu gurun	滿洲語，勇國
79		阿齊濟	aciji	蒙古語，已駝
80		察罕	cagan	蒙古語，白色
81		綽和爾	cohor	蒙古語，豹花馬
82		旺嘉努	wanggiyanu	

順次	滿洲語	漢　字	羅馬拼音	詞　義
83		呼　嚕 古　岱	hūrugūdai	蒙古語， 有手指
84		巴　圖 布　琳	batu burin	蒙古語， 結實全
85		額　布　勒 綽　諾	ebul cono	蒙古語， 冬狼
86		阿　爾　台	artai	蒙古語， 有花紋
87		蘇　默 格　爾	sume ger	蒙古語， 廟房屋
88		伊　津	ijin	滿洲語， 經緯之經
89		穆　齊 爾　岱	mūcirdai	蒙古語， 有引火柴

順次	滿洲語	漢字	羅馬拼音	詞義
90		圖恩 嚕克	turu engke	蒙古語，政太平
91		潤諾旺 布	žun no wangbu	唐古特語，幼自在
92		薩 哈	saha	滿洲語，小圍
93		巴 特 瑪 喇 實	batma rasi	唐古特語，蓮花吉祥
94		呼 喇 呼	hūrahū	蒙古語，集聚
95		和 斯 瑪 鼎	hosmadin	蒙古語，回人名
96		青克 呼克	cing kerek	蒙古語，誠事

順次	滿洲語	漢　字	羅馬拼音	詞　義
97		雅　凌 海　拉　蘇	yaling hailasu	蒙古語， 純榆樹
98		特　爾　默	terme	蒙古語， 褐
99		阿　勒　達 爾　圖	aldartu	蒙古語， 有名譽
100		巴　　圖 約　蘇　圖	batu yosutu	蒙古語， 結實 有道理
101		錫　里　濟	siliji	蒙古語， 選拔
102		伊　實　滿	išiman	蒙古語， 回人名
103		諳　達 呼　圖　克	anda hūtuk	蒙古語， 夥伴福

順次	滿洲語	漢字	羅馬拼音	詞義
104		伊嚕勒	irul	蒙古語，福分
105		呼圖克布哈	hūtuk buha	蒙古語，福牝牛
106		昂哈	angha	蒙古語，起初
107		奇卜	kib	蒙古語，手帕
108		巴噶圖爾	bagatur	蒙古語，勇
109		金剛努	ging'angnu	
110		揚珠濟遜	yangju jisun	蒙古語，儀表顏色
111		伊蘇岱	isudai	蒙古語，有九

順次	滿洲語	漢 字	羅馬拼音	詞 義
112		巴 圖 巴 喇 實	batu sira	蒙古語， 結實黃色
113		阿 禮 和 卓	ali hojo	回語， 大美
114		色 辰 巴 爾	secen bar	蒙古語， 聰明虎
115		珠 德 勒	judel	蒙古語， 勞苦
116		色 實	sesi	滿洲語， 豆麵剪 子股
117		摩 多	modo	蒙古語， 樹木
118		托 卜 齊	tobci	蒙古語， 鈕扣
119		舒	šu	滿洲語， 文
120		巴 咱 爾	badzar	梵語， 金剛

順次	滿洲語	漢字	羅馬拼音	詞義
121		桑嘉依喇實	sangjiyai rasi	唐古特語，佛吉祥
122		阿實達	asida	蒙古語，常久
123		額森庫庫	esen kuku	蒙古語，平安青色
124		實喇拜巴	sira babai	蒙古語，黃色寶貝
125		楚魯	culu	蒙古語，臟腑
126		塔爾岱古	targūdai	蒙古語，有肥
127		濟遜	jisun	蒙古語，顏色
128		默德齊	medeci	蒙古語，多見識人

順次	滿洲語	漢　字	羅馬拼音	詞　義
129		巴　爾 塔　斯	bar tas	蒙古語， 虎性烈
130		茂巴爾斯	moo bars	蒙古語， 不善虎
131		扎薩克 托克托呼	jasak toktohū	蒙古語， 政治定
132		年 扎　克 鐘　鼐	niyan jak jung nai	唐古特語， 妙聲揚 現處
133		實　喇 諤　蘇	sira ūsu	蒙古語， 黃髮
134		阿爾婁	ar luo	蒙古語， 花紋龍

順次	滿洲語	漢　字	羅馬拼音	詞　義
135		巴結伊特	ba jiye it	唐古特語，勇開廣心
136		布延伊蘇	buyan isu	蒙古語，福九
137		達爾瑪達實	darma dasi	法吉祥
138		多斯德桑嘉依	do sde sangjiyai	唐古特語，經品類佛
139		鄂諾	ono	蒙古語，牡黃羊
140		哈克繖	haksan	滿洲語，險

順次	滿洲語	漢　字	羅馬拼音	詞　義
141		默色 和斯	mese hos	蒙古語， 器械雙
142		咱希 魯鼎 巴	dzahiludin	回語， 顯明
143		巴古 達勒	bagūdal	蒙古語， 下處
144		蘇伯林	subeliyen	滿洲語， 絨
145		特哩	teri	蒙古語， 整齊
146		額呼斯 昆	eres kun	蒙古語， 果斷人
147		托寶 理	tosi	滿洲語， 玉頂馬
148		嘉琿 達	giyahūn da	滿洲語， 養鷹人

順次	滿洲語	漢字	羅馬拼音	詞義
149		奇拉爾	kilar	蒙古語，眼斜
150		實迪	šidi	梵語，道
151		特默	teme	蒙古語，駝
152		密實特 達實	misit dasi	唐古特語，不壞吉祥
153		喇實	rasi	唐古特語，吉祥
154		策凌 巴 鄂爾 嘉勒	ts'ering ba or jiyal	唐古特語，長壽 勇勝
155		羅卜藏	lobdzang	唐古特語，善智
156		烏魯斯	ulus	蒙古語，國

順次	滿洲語	漢　字	羅馬拼音	詞　義
157		托克 托珠	toktojo	蒙古語， 定
158		綽爾齊	corci	蒙古語， 掌蒙古樂 器人
159		納木 塔爾	namtar	唐古特語， 源流
160		訥克林	nekeliyen	滿洲語， 薄
161		哈喇 哈斯 達爾罕	hara has dargan	蒙古語， 黑玉 凡有勤勞 免其差役
162		圖烈圖	tuliyetu	蒙古語， 有燒柴
163		巴爾台	bartai	蒙古語， 有虎
164		鄂囉羅	orolo	滿洲語， 代替

順次	滿洲語	漢　字	羅馬拼音	詞　義
165		安　巴	amba	滿洲語，大
166		努圖克齊	nutukci	蒙古語，司籍貫人
167		納　琳 格　爾	narin ger	蒙古語，細房屋
168		齊　蘇 哲　爾	cisu jer	蒙古語，血器械
169		特　穆　爾 岱　爾	temur dair	蒙古語，鐵牡鹿
170		和　卓 穆　蘇	hojo mūsu	蒙古語，美冰
171		賽　富　鼎	saifuding	

順次	滿洲語	漢　字	羅馬拼音	詞　義
172		阿噶爾里	argali	蒙古語， 母盤羊
173		舍哩	šeri	滿洲語， 泉
174		布勒圖蒙果勒默色	bultu monggol mese	蒙古語， 全蒙古 器械
175		圖罕	tuhan	滿洲語， 獨木橋
176		揚濟克	yang jik	唐古特語， 同音
177		必里克	bilik	蒙古語， 志
178		伊古埒岱	ilegudai	蒙古語， 有餘
179		鴻和	hongho	蒙古語， 鈴

順次	滿洲語	漢字	羅馬拼音	詞義
180		布扎爾 達魯岱	bujar daludai	蒙古語， 污穢 有琵琶骨
181		本巴	bumba	唐古特語， 淨水瓶
182		鄂摩 勒罕	omolhan	蒙古語， 急躁
183		孟古台	munggtai	蒙古語， 有銀
184		實納 塔拉	sina tala	蒙古語， 山岡曠野
185		昂吉	anggi	蒙古語， 隊伍
186		溫普	umpu	滿洲語， 山查
187		瑪哈瑪 迪沙	mahamadi ša	回人名 王

順次	滿洲語	漢　字	羅馬拼音	詞　義
188		薩克繖	saksan	滿洲語，麵塔
189		濟爾噶爾呼	jirgahū	蒙古語，安逸
190		哈喇托輝	hara tohoi	蒙古語，黑色河灣
191		額爾克鄂蘭	erke olan	蒙古語，權多
192		塔齊	taci	滿洲語，令學
193		諤都岱	ūdudai	蒙古語，有鳥翅翎

資料來源：《欽定四庫全書》，「史部」，《欽定元史語解》，
　　卷十三。

　　表中人名共一九三人，瑪喇勒，蒙古語讀如
"maral"，意即「牝鹿」，卷十三作「密剌里」，卷二
十二作「馬剌」。哈扎爾齊，蒙古語讀如"hajarci"，意
即「司轡人」，卷十三作「火者赤」，卷一三五作「哈贊

赤」。托克托呼，蒙古語讀如"toktohū"，意即「定」，
卷十三作「禿禿合」，卷十四作「脫脫忽」，卷二十作
「脫脫灰」，卷三十三作「土土哈」，卷九十五作「禿禿
哈」，卷一一九作「脫脫哈」。阿嚕和諾克，蒙古語讀如
"aru honok"，意即「山陰宿處」，卷十三作「阿魯忽
奴」。巴喇罕岱爾，蒙古語讀如"baragan dair"，意即「青
色牡鹿」，卷十三作「孛魯合答兒」，卷十八作「孛羅曷答
兒」，卷二〇九作「孛羅合答兒」，又作「孛羅合塔兒」。
法喇，滿洲語讀如"fara"，意即「車轅」，卷十三作「法
里剌」。布展，滿洲語讀如"bujan"，意即「樹林」，卷十
三作「孛折」，卷一一九作「倴盞」。托多爾海，蒙古語讀
如"todorhai"，意即「明白」，卷十三作「朵魯朵海」，
卷十四作「朵兒朵海」，卷一一七作「朵兒朵哈」。烏蘇，
蒙古語讀如"usu"，意即「水」，卷十三作「旺速」。鄂
勒歡，滿洲語讀如"olhon"，意即「乾」，卷十三作「阿
魯渾」。多羅岱，蒙古語讀如"dolodai"，意即「有七」，
卷十三作「朵剌帶」，卷十七作「朵羅帶」，卷十九作「朵
兒帶」，卷一一三作「朵羅歹」。

雲丹，唐古特語讀如"yundan"，意即「德」，卷十
三作「玉典」。綽鄂，唐古特語讀如"co o"，意即「性
氣」，卷十三作「搠完」，卷二十一作「丑問」，卷一二
四作「搠阿」。嘉木揚喇勒智，唐古特語讀如"jiyamyang
ralj'y"，意即「文殊菩薩智慧劍」，卷十三作「楊璉真
加」。根敦扎卜，唐古特語讀如"gendun jab"，意即
「僧保」，卷十三作「忻都察」，卷十八作「釁都察」。
納穆爾，蒙古語讀如"namur"，意即「秋」，卷十三作

「南木里」。蒙格齊，蒙古語讀如“menggeci”，意即「有痣人」，卷十三作「忙哥赤」。溫德亨，滿洲語讀如“undehen”，意即「板」，卷十三作「溫迪罕」。博囉默色哈雅，蒙古語讀如“boro mese haya”，意即「青色器械山墻」，卷十三作「不魯迷失海牙」。薩題勒密實，蒙古語讀如“satilmiši”，係回人名，卷十三作「撒的迷失」，卷二十九作「撒忒迷失」。貝降，唐古特語讀如“bei jiyang”，意即「香綠色」，卷十三作「拜降」。巴噶魯斯，蒙古語讀如“baga lus”，意即「小龍」，卷十三作「八合魯斯」。伊勒呼，滿洲語讀如“ilhū”，意即「一順」，卷十三作「也里古」。錫里哈，滿洲語讀如“siliha”，意即「選拔」，卷十三作「薛列海」，卷一二八作「勝剌哈」。索隆噶，蒙古語讀如“solongga”，意即「虹」，卷十三作「唆郎哥」。魯爾，唐古特語讀如“lur”，意即「緊要」，卷十三作「驢兒」，卷一四四作「閭兒」。圖魯卜，蒙古語讀如“tulub”，意即「形像」，卷十三作「脫列伯」，卷三十一作「脫里伯」。

　　哈喇實達爾，蒙古語讀如“hara sidar”，意即「黑色親隨」，卷十三作「合剌失都兒」。濟嚕海默色，蒙古語讀如“jiruhai mese”，意即「算法器械」，卷十三作「只兒海失迷」。約蘇穆爾，蒙古語讀如“yosu mur”，意即「道理踪跡」，卷十三作「要速木」，卷二十七作「要速謀」，卷六十一作「要束木」，卷一六八作「岳束木」。阿拉克特穆爾，蒙古語讀如“alak temur”，意即「花斑鐵」，卷十三作「阿剌帖木兒」，卷十八作「阿剌鐵木而」，卷二十三作「阿剌鐵木兒」，卷二十六作「阿憐鐵木

兒」，卷二十七作「阿喇鐵木兒」。巴圖特穆爾，蒙古語讀如 "batu temur"，意即「結實鐵」，卷十二作「白禿剌帖木兒」。塔珠，讀如 "taju"，卷十三作「塔尤」，無解義。舒策，唐古特語讀如 "šu ts'e"，意即「告訴時」，卷十三作「汝作」。阿薩爾哈雅，蒙古語讀如 "asar haya"，意即「閣山墻」，卷十三作「合撒兒海牙」，卷一三五作「阿速海牙」。舒蘇德濟，蒙古語讀如 "šusu deji"，意即「廩給上分」，卷十三作「雪雪的斤」。托里察罕，蒙古語讀如 "toli cagan"，意即「鏡白色」，卷十三作「脫里察安」。塔奇呼阿薩爾，蒙古語讀如 "takihū asar"，意即「祭祀閣」，卷十三作「答即古阿散」。阿巴拉，蒙古語讀如 "abala"，意即「行圍」，卷十三作「阿八剌」。圖嚕古，蒙古語讀如 "turugu"，意即「為首」，卷十三作「禿魯歡」。濟嚕木，蒙古語讀如 "jirum"，意即「盌子」，卷十三作「扎里蠻」。納蘇台，蒙古語讀如 "nasutai"，意即「有歲數」，卷十三作「納速丁」。

伊克穆蘇，蒙古語讀如 "ike mūsu"，意即「大冰」，卷十三作「亦黑迷失」，卷十四作「亦里迷失」，卷十七作「也黑迷失」。齊齊克布哈，蒙古語讀如 "cicik buha"，意即「花牝牛」，卷十三作「只吉不花」，卷四十六作「徹徹不花」。哈喇婁，蒙古語讀如 "hara luo"，意即「黑龍」，卷十三作「合兒魯」，卷九十九作「哈喇魯」。雙和爾，蒙古語讀如 "šonghor"，意即「海青」，卷十三作「宋忽兒」。布格呀，蒙古語讀如 "bugere"，意即「腰子」，卷十三作「別合剌」。聶爾巴沙克嘉遵錐喇克巴，唐古特語讀如 "niyerba šakjiya dzunjui rakba"，意即「管

事人手印精進揚名」，卷十三作「也憐八合失甲自羅二思巴」。錫錫，蒙古語讀如"sisi"，意即「高粱」，卷十四作「小薛」，卷一五〇作「咸錫」。阿勒坦托噶，蒙古語讀如"altan toga"，意即「金數目」，卷十四作「阿台董阿」。額特默色，蒙古語讀如"et mese"，意即「財器械」，卷十四作「兀的迷失」，卷二〇八作「阿的迷失」。伊爾蘇克，蒙古語讀如"ir suke"，意即「刃斧」，卷十四作「亦兒赤合」，又作「亦而撒合」。托歡特穆爾，蒙古語讀如"tohon temur"，意即「釜鐵」，卷十四作「脫忽帖木兒」，卷四十作「脫歡脫木兒」。和斯布哈，蒙古語讀如"hos buha"，意即「雙牝牛」，卷十四作「火失不花」。阿拉克展，蒙古語讀如"alak jan"，意即「花斑象」，卷十四作「阿剌章」。

　　圖爾哈，滿洲語讀如"turha"，意即「帽月」，卷十四作「禿魯罕」。伊瑪克塔圖古哩克，蒙古語讀如"imakta tugurik"，意即「純圓」，卷十四作「亦馬剌丹忒忽里」。顯格，讀如"hiyange"，卷十四作「線哥」，無解義。巴喇瑪，蒙古語讀如"barama"，意即「單弱」，卷十四作「必剌蠻」，卷三十二作「八剌馬」。塔奇爾哈納，蒙古語讀如"takir hana"，意即「殘缺氈廬墻」，卷十四作「塔叉兒忽難」。圖卜新，蒙古語讀如"tubsin"，意即「平」，卷十四作「禿不申」。伊實策凌，唐古特語讀如"isi ts'ering"，意即「智慧長壽」，卷十四作「亦攝恩憐」。婁雅蘇布哈，蒙古語讀如"luo yasu buha"，意即「龍骨牝牛」，卷十四作「憐牙思不花」。伊徹察喇，滿洲語讀如"ice cara"，意即「新注酒器」，卷十四作「月赤徹兒」，卷十七作「月

失察兒」，卷十八作「月赤察而」，卷二十二作「月赤察兒」，卷三十六作「月闕察兒」，卷四十三作「月闊察兒」。諤爾根薩里，蒙古語讀如"ūrgen sali"，意即「寬地弩」，卷十四作「阿魯渾撒里」，又作「阿剌渾撒里」，卷十八作「阿里渾撒里」。沙布鼎，蒙古語讀如"šabudin"，係回人名，卷十四作「沙不丁」。呼雅克齊，蒙古語讀如"hūyakci"，意即「披甲人」，卷十四作「管牙赤」。安濟蘇，蒙古語讀如"anjisu"，意即「犂」，卷十四作「阿赤思」。博果密，蒙古語讀如"bogomi"，意即「捕野鷄之活套」，卷十四作「不忽木」。

圖魯庫，蒙古語讀如"tuluku"，意即「生」，卷十四作「禿魯古」。繰哩，蒙古語讀如"saori"，意即「機」，卷十四作「搔驢」，卷十七作「騷驢」，卷一四九作「佐里」。嘉勒燦旺布博斯噶，唐古特語讀如"jiyalts'an wangbu bosg'a"，意即「幢旛權西番語」，卷十四作「監臧宛卜卜思哥」。伊都，滿洲語讀如"idu"，意即「班次」，卷十五作「玉都」。伊扎爾，讀如"ijar"，卷十五作「也只烈」，語解從《八旗姓氏通譜》改正。章吉特，蒙古語讀如"janggit"，意即「結」，卷十五作「掌吉」，卷十六作「章吉」。烏爾圖，蒙古語讀如"urtu"，意即「長」，卷十五作「兀魯台」，卷十七作「歪頭」。扎濟古爾，蒙古語讀如"jajigur"，意即「腮」，卷十五作「瓜忽兒」。巴圖魯古倫，滿洲語讀如"baturu gurun"，意即「勇國」，卷十五作「拔突古倫」。阿齊濟，蒙古語讀如"aciji"，意即「已駝」，卷十五作「阿赤吉」。察罕，蒙古語讀如"cagan"，意即「白色」，卷十五作「察合」，卷一百作

「昌罕」，卷一二一作「敞溫」，卷二二四作「長罕」。綽和爾，蒙古語讀如"cohor"，意即「豹花馬」，卷十五作「牀兀兒」，卷二十作「幢兀兒」，卷二十一作「床兀而」，卷一二三作「抄兀兒」，卷一三五作「創兀兒」。旺嘉努，讀如"wanggiyanu"，卷十五作「王家奴」，卷四十三作「汪家奴」，無解義。呼嚕古岱，蒙古語讀如"hūrugūdai"，意即「有手指」，卷十五作「火魯忽帶」，卷二十六作「忽剌兀帶」，卷一百作「和嚕古觰」，卷一一〇作「忽魯忽答」。

　　巴圖布琳，蒙古語讀如"batu burin"，意即「結實全」，卷十五作「拔都不倫」。額布勒綽諾，蒙古語讀如"ebul cono"，意即「冬狼」，卷十五作「暗伯著暖」。阿爾台，蒙古語讀如"artai"，意即「有花紋」，卷十五作「阿里帶」，卷二十作「阿剌台」。蘇默格爾，蒙古語讀如"sume ger"，意即「廟房屋」，卷十五作「撒木合兒」，卷四十三作「旭滅該」。伊津，滿洲語讀如"ijin"，意即「經緯之經」，卷十五作「也真」。穆齊爾岱，蒙古語讀如"mūcirdai"，意即「有引火柴」，卷十五作「滅吉兒帶」。圖嚕恩克，蒙古語讀如"turu engke"，意即「政太平」，卷十五作「禿烈羊呵」。潤諾旺布，唐古特語讀如"žun no wangbu"，意即「幼自在」，卷十五作「軟奴汪木」，又作「軟奴玉木」。薩哈，滿洲語讀如"saha"，意即「小圍」，卷十五作「三合」。巴特瑪喇實，唐古特語讀如"batma rasi"，意即「蓮花吉祥」，卷十五作「不都馬失」。呼喇呼，蒙古語讀如"hūrahū"，意即「集聚」，卷十五作「忽剌忽」，卷三十五作「剌忽」。和斯瑪鼎，蒙古

語讀如 "hosmadin"，係回人名，卷十五作「忽撒馬丁」，卷二十九作「忽咱某丁」。青克呼克，蒙古語讀如 "cing kerek"，意即「誠事」，卷十五作「牀哥里合」。雅凌海拉蘇，蒙古語讀如 "yaling hailasu"，意即「純榆樹」，卷十五作「牙林海刺孫」。特爾默，蒙古語讀如 "terme"，意即「褐」，卷十五作「帖列滅」。

　　阿勒達爾圖，蒙古語讀如 "aldartu"，意即「有名譽」，卷十五作「按答兒禿」。巴圖約蘇圖，意即「結實有道理」，卷十五作「拔都也孫脫」。錫里濟，蒙古語讀如 "siliji"，意即「選拔」，卷十五作「失里吉」。伊實滿，蒙古語讀如 "išiman"，係回人名，卷十五作「亦思麻」。諳達呼圖克，蒙古語讀如 "anda hūtuk"，意即「夥伴福」，卷十五作「按的忽都合」。伊嚕勒，蒙古語讀如 "irul"，意即「福分」，卷十五作「玉呂魯」，卷一百作「月魯」，卷一一九作「月呂祿」。呼圖克布哈，蒙古語讀如 "hūtuk buha"，意即「福牡牛」，卷十五作「忽都不花」，卷十八作「忽禿不花」，卷一五〇作「虎都不花」。昂哈，蒙古語讀如 "angha"，意即「起初」，卷十五作「按灰」。奇卜，蒙古語讀如 "kib"，意即「手帕」，卷十五作「怯伯」。巴噶圖爾，蒙古語讀如 "bagatur"，即「巴圖爾」，意即「勇」，卷十五作「八黑鐵兒」。金剛努，讀如 "ging'angnu"，卷十五作「金剛奴」，係以佛號為名。揚珠濟遜，蒙古語讀如 "yangju jisun"，意即「儀表顏色」，卷十五作「牙牙住僧」。伊蘇岱，蒙古語讀如 "isudai"，意即「有九」，卷十五作「也速帶」。巴圖實喇，蒙古語讀如 "batu sira"，意即「結實黃色」，卷十五

作「拔都昔剌」。阿禮和卓，回語讀如“ali hojo”，意即「大美」。色辰巴爾，蒙古語讀如“secen bar”，意即「聰明虎」，卷十六作「伸思八兒」。

　　珠德勒，蒙古語讀如“judel”，意即「勞苦」，卷十六作「尤答兒」。色實，滿洲語讀如“sesi”，意即「豆麵剪子股」，卷十六作「四十」。摩多，蒙古語讀如“modo”，意即「樹木」，卷十五作「蠻忒」。扎卜齊，蒙古語讀如“tobci”，意即「鈕扣」，卷十六作「鐵別赤」。舒，滿洲語讀如“šu”，意即「文」，卷十六作「闍兀」。巴咱爾，梵語讀如“badzar”，意即「金剛」，卷十六作「八撒兒」，卷十八作「八撒而」，又作「巴撒而」，卷十九作「八撒」，卷三十一作「別闍里」，卷三十二作「伯撒里」。桑嘉依喇實，唐古特語讀如“sangjiyai rasi”，意即「佛吉祥」，卷十六作「桑吉剌失」。阿實達，蒙古語讀如“asida”，意即「常久」，卷十六作「阿連敦」。額森庫庫，蒙古語讀如“esen kuku”，意即「平安青色」，卷十六作「也先小闊闊」。實喇巴拜，蒙古語讀如“sira babai”，意即「黃色寶貝」，卷十六作「喜魯不別」。楚魯，蒙古語讀如“culu”，意即「臟腑」，卷十六作「出魯」。塔爾古岱，蒙古語讀如“targūdai”，意即「有肥」，卷十六作「塔魯忽帶」，卷十八作「答而忽帶」，卷十九作「塔剌忽帶」，卷二十一作「塔魯忽台」。濟遜，蒙古語讀如“jisun”，意即「顏色」，卷十六作「只深」，卷六十作「咎順」。默德齊，蒙古語讀如“medeci”，意即「多見識人」，卷十六作「門答占」，卷一七三作「們答占」。巴爾塔斯，蒙古語讀如“bar tas”，

意即「虎性烈」，卷十六作「不耳答失」，卷一二三作「補兒答失」。茂巴爾斯，蒙古語讀如 "moo bars"，意即「不善虎」，卷十六作「木八剌沙」。

扎薩克托克托呼，蒙古語讀如 "jasak toktohū"，意即「政治定」，卷十六作「札薩禿禿合」。年扎克鐘鼐，唐古特語讀如 "niyan jak jungnai"，意即「妙聲揚現處」，卷十六作「輦真朮納思」。實喇諤蘇，蒙古語讀如 "sira ūsu"，意即「黃髮」，卷十六作「唆羅兀思」。阿爾婁，蒙古語讀如 "ar luo"，意即「花紋龍」，卷十六作「月兒魯」。巴結伊特，唐古特語讀如 "ba jiye it"，意即「勇開廣心」，卷十六作「八吉由」。布延伊蘇，蒙古語讀如 "buyan isu"，意即「福九」，卷十六作「不顏于思」。達爾瑪達實，「達爾瑪」梵語讀如 "darma"，意即「法」，「達實」唐古特語讀如 "dasi"，意即「吉祥」，卷十六作「答麻剌答思」。多斯德桑嘉依，唐古特語讀如 "do sde sangjiyai"，意即「經品類佛」，卷十六作「朶四的性吉」。鄂諾，蒙古語讀如 "ono"，意即「牡黃羊」，卷十六作「兀難」，卷六十五作「幹奴」。哈克繖，滿洲語讀如 "haksan"，意即「險」，卷十六作「憨散」，又作「合散」，卷二十九作「哈散」。默色和斯，蒙古語讀如 "mese hos"，意即「器械雙」，卷十六作「麻速忽阿散」。咱希魯鼎，回語讀如 "dzahiludin"，意即「顯明」，卷十六作「咱喜魯丁」。巴古達勒，蒙古語讀如 "bagūdal"，意即「下處」，卷十六作「八忽答兒」，又作「八忽帶兒」，卷一三一作「八忽台兒」。

蘇伯林，滿洲語讀如 "subeliyen"，意即「絨」，卷

十六作「唆不闌」。特哩，蒙古語讀如 "teri"，意即「整齊」，卷十六作「鐵里」，卷一三四作「鐵連」。額呼斯昆，蒙古語讀如 "eres kun"，意即「果斷人」，卷十六作「亦列失金」。托實，滿洲語讀如 "tosi"，意即「玉頂馬」，卷十六作「脫西」。嘉琿達，滿洲語讀如 "giyahūnda"，意即「養鷹人」，卷十六作「教化的」。奇拉爾，蒙古語讀如 "kilar"，意即「眼斜」，卷十六作「曲列」，卷九十九作「糺叱剌」。實迪，梵語讀如 "šidi"，意即「得道之道」，卷十六作「沙的」，卷九十五作「拾得」。特默，蒙古語讀如 "teme"，意即「駝」，卷十六作「鐵滅」，卷一三四作「帖滅」，卷一九三作「忒末」。密實特達實，唐古特語讀如 "misit dasi"，意即「不壞吉祥」，卷十六作「明思昔答失」。喇實，唐古特語讀如 "rasi"，意即「吉祥」，卷十六作「老壽」。策凌巴鄂爾嘉勒，唐古特語讀如 "ts'ering ba or jiyal"，意即「長壽勇勝」，卷十六作「吃剌思八斡節兒」，卷十八作「合剌思八斡節兒」。羅卜藏，唐古特語讀如 "lobdzang"，意即「善智」，卷十六作「羅藏」。烏魯斯，蒙古語讀如 "ulus"，意即「國」，卷十七作「斡羅思」，卷二十八作「斡魯撕」，卷三十二作「斡羅斯」。托克托珠，蒙古語讀如 "toktojo"，意即「定」，卷十七作「脫迭出」。綽爾齊，蒙古語讀如 "corci"，意即「掌蒙古樂器人」，卷十七作「抄兒赤」。納木塔爾，唐古特語讀如 "namtar"，意即「源流」，卷十七作「納答兒」。

　　訥克林，滿洲語讀如 "nekeliyen"，意即「薄」，卷十七作「聶怯來」。哈喇哈斯達爾罕，蒙古語讀如 "hara

has dargan"，意即「黑玉凡有勤勞免其差役」，卷十七作
「合刺合孫答刺罕」。圖烈圖，蒙古語讀如 "tuliyetu"，
意即「有燒柴」，卷十七作「朵列禿」，卷三十四作「篤
列圖」，卷四十三作「禿烈禿」。巴爾台，蒙古語讀如
"bartai"，意即「有虎」，卷十七作「八里帶」。鄂
囉羅，滿洲語讀如 "orolo"，意即「代替」，卷十七作
「斡里羅」，卷一五三作「兀魯刺」。安巴，滿洲語讀如
"amba"，意即「大」，卷十七作「安伯」，卷一四五作
「俺伯」，卷一九一作「闇伯」。努圖克齊，蒙古語讀如
"nutukci"，意即「司籍貫人」，卷十七作「儂獨赤」，卷
三十五作「收都赤」，卷九十二作「訥都赤」。納琳格爾，
蒙古語讀如 "narin ger"，意即「細房屋」，卷十七作「納
里哥」。齊蘇哲爾，蒙古語讀如 "cisu jer"，意即「血器
械」，卷十七作「察昔折一烈」。特穆爾岱爾，蒙古語讀如
"temur dair"，意即「鐵牡鹿」，卷十七作「鐵木塔兒」。
和卓穆蘇，「和卓」，回語讀如 "hojo"，意即「美」，
「穆蘇」，蒙古語讀如 "mūsu"，意即「冰」，卷十七作
「忽不木思」。賽富鼎，讀如 "saifuding"，卷十七作「賽
甫丁」，無解義。阿爾噶里，蒙古語讀如 "argali"，意
即「母盤羊」，卷十七作「也里嵬」。舍哩，滿洲語讀如
"šeri"，意即「泉」，卷十七作「闍里」。布勒圖蒙里勒
默色，蒙古語讀如 "bultu monggol mese"，意即「全蒙古
器械」，卷十七作「不敦忙兀魯迷失」，又作「忙兀禿兒迷
失」。

　　圖罕，滿洲語讀如 "tuhan"，意即「獨木橋」，卷
十七作「禿干」。揚濟克，唐古特語讀如 "yang jik"，

意即「同音」，卷十七作「燕只哥」，卷二十六作「燕只干」。必里克，蒙古語讀如"bilik"，意即「志」，卷十七作「必里公」。伊埒古岱，蒙古語讀如"ilegudai"，意即「有餘」，卷十七作「也里古帶」。鴻和，蒙古語讀如"hongho"，意即「鈴」，卷十七作「荒兀」，卷二十一作「晃兀」，卷三十作「晃忽」。布扎爾達魯岱，蒙古語讀如"bujar daludai"，意即「污穢有琵琶骨」，卷十七作「不只答魯帶」。本巴，唐古特語讀如"bumba"，意即「淨水瓶」，卷十七作「布八」。鄂摩勒罕，蒙古語讀如"omolhan"，意即「急躁」，卷十七作「兀末魯罕」。孟古台，蒙古語讀如"munggutai"，意即「有銀」，卷十七作「忙兀臺」。實納塔拉，蒙古語讀如"sina tala"，意即「山岡曠野」，卷十七作「勝納答兒」。昂吉，蒙古語讀如"anggi"，意即「隊伍」，卷十七作「昂吉兒」，卷一六七作「暗赤」。溫普，滿洲語讀如"umpu"，意即「山查」，卷十七作「暗普」，卷四十四作「俺普」。瑪哈瑪迪沙，「瑪哈瑪迪」，蒙古語讀如"mahamadi"，係回人名，「沙」，回語讀如"ša"，意即「王」，卷十七作「馬合謀沙」，卷一九五作「馬合某沙」，卷二〇三作「馬哈馬沙」。薩克繖，滿洲語讀如"saksan"，意即「麵塔」，卷十七「松山」，卷四十一作「散散」。濟爾噶呼，蒙古語讀如"jirgahū"，意即「安逸」，卷十七作「只兒合忽」，卷四十三作「只兒哈忽」。哈喇托輝，蒙古語讀如"hara tohoi"，意即「黑色河灣」，卷十七作「忽魯禿花」，卷一百作「忽兒禿哈」。額爾克鄂蘭，蒙古語讀如"erke olan"，意即「權多」，卷十七作「阿合兀蘭」。塔齊，滿

洲語讀如"taci"，意即「令學」，卷十七作「鐵赤」，卷一三二作「帖赤」。諤都岱，蒙古語讀如"ūdudai"，意即「有鳥翅翎」，卷十七作「兀都帶」。

　　表中人名包含蒙古語、滿洲語、回語、唐古特語、梵語，其中唐古特語、梵語人名，多以佛、文殊菩薩、僧為名，唐古特語嘉木揚喇勒智（jiyamyang ralj'y），意即「文殊菩薩智慧劍」。根敦扎卜（gendun jab），意即「僧保」。桑嘉依喇實（sangjiyai rasi），意即「佛吉祥」。梵語巴咱爾（badzar），意即「金剛」。蒙古語金剛努（ging'angnu），俱以佛號為名。

　　表中人名亦以鳥獸為名，包含龍、象、牛、馬、駝、狼、虎、羊、鹿、海青、鷹等。巴噶魯斯（baga lus），意即「小龍」。哈喇婁（hara luo），意即「黑龍」。阿爾婁（ar luo），意即「花紋龍」。阿拉克展（alak jan），意即「花斑象」。齊齊克布哈（cicik buha），意即「花牝牛」。和斯布哈（hos buha），意即「雙牝牛」。婁雅蘇布哈（luo yasu buha），意即「龍骨牝牛」。呼圖克布哈（hūtuk buha），意即「福牝牛」。綽和爾（cohor），意即「豹花馬」。托實（tosi），意即「玉頂馬」。特默（teme），意即「駝」。額布勒綽諾（ebul cono），意即「冬狼」。色辰巴爾（secen bar），意即「聰明虎」。巴爾塔斯（bar tas），意即「虎性烈」。茂巴爾斯（moo bars），意即「不善之虎」。巴爾台（bartai），意即「有虎」。鄂諾（ono），意即「牡黃羊」。阿爾噶里（argali），意即「母盤羊」。巴喇罕岱爾（baragan dair），意即「青色牡鹿」。特穆爾岱爾（temur dair），意即「鐵牡鹿」。

阿哈僾儞

阿哈巴克實　阿哈尼長也巴克實師也卷十二作阿哈八失

哈喇塔爾巴噶　阿喇爾哈噶黑獺也卷十二作合納塔兔八只

欽定四庫全書

欽定元史語解卷十四

人名

阿瑪伊齋埒

曼濟岱　曼濟北㑳也岱有也卷十八作蠻子帶又作蠻子台併改

和團　鄂烏齡

和通　回人也卷十　八作和童

伊勒補哈　伊嚼烏阿哈

欽定四庫全書

欽定元史語解
卷十四

一

伊埒布哈　伊埒明㘝也布哈牝牛也卷十八作亦里不花

十四、《欽定元史語解》人名（六）

《欽定元史語解·人名》滿漢對照表

順次	滿洲語	漢　字	羅馬拼音	詞　義
1		曼濟岱	manjidai	蒙古語，有牝麅
2		和通	hotung	蒙古語，回人
3		伊布哈	ile buha	蒙古語，明顯牤牛
4		扎實	jasi	唐古特語，吉祥
5		甘珠爾丹	g'anjur dan	唐古特語，全藏經
6		約蘇卜	yosub	蒙古語，回人名
7		鴻吉勒岱	honggildai	蒙古語，有樹孔

順次	滿洲語	漢字	羅馬拼音	詞義
8		庫齊圖	kucitu	蒙古語，有力
9		伯頁 烏珍	beye ujen	滿洲語，身穩重
10		齊老	cilao	蒙古語，石
11		日巴	žiba	唐古特語，第四
12		雅布	yabu	蒙古語，行
13		喇嘛	lama	蒙古語，番僧
14		庫齊楞	kucilen	蒙古語，用力
15		瑪克展	makjan	滿洲語，矬人
16		孟薩 克喇	mūngke sara	蒙古語，經月

順次	滿洲語	漢　字	羅馬拼音	詞　義
17		昂　哈 布　哈	angha buha	蒙古語， 起初牝牛
18		和囉羅	horolo	滿洲語， 用威
19		莽　濟 布　哈	manglai buha	蒙古語， 首先牝牛
20		巴　雅 爾　台	bayartai	蒙古語， 有喜
21		濟　爾 噶　朗	jirgalang	蒙古語， 安逸
22		哈　喇 哈　布	hara buha	蒙古語， 黑牝牛
23		密拉忠	mila jung	西番祖師 護法

順次	滿洲語	漢　字	羅馬拼音	詞　義
24		雅克 諾木	yak nom	蒙古語，結實經
25		鼐濟	naiji	蒙古語，女友
26		博碩噶	bošoga	蒙古語，門檻
27		奇爾 薩巴	kir saba	蒙古語，斑點器皿
28		必舒	bišu	蒙古語，伶便
29		滿達勒	mandal	蒙古語，壇
30		穆爾 德濟	murdeji	蒙古語，效法
31		哈喇 哈達	hara hada	蒙古語，黑山峰

順次	滿洲語	漢　字	羅馬拼音	詞　義
32		塔奇勒圖 特穆爾	takiltu temur	蒙古語， 有祭祀鐵
33		圖　沁	tucin	唐古特語， 力大
34		托和巴	tohoba	蒙古語， 已鞔
35		慶　通	kingtung	
36		伊　埒 布　哈	ile buha	蒙古語， 明顯牝牛
37		雅爾堅	yargiyan	滿洲語， 真實
38		哲　埒	jele	蒙古語， 連繩
39		伊哷訥	irene	蒙古語， 來

順次	滿洲語	漢　字	羅馬拼音	詞　義
40		巴特瑪琳沁	batma rincin	唐古特語，蓮花寶
41		達爾罕	dargan	蒙古語，有勤勞免差役
42		巴喇密特	baramit	蒙古語，到彼岸
43		額卜齋	ebci	滿洲語，肋
44		實喇台	siratai	蒙古語，有黃色
45		都爾蘇	dursu	蒙古語，體
46		鄂蘭實喇	olan sira	蒙古語，眾多黃色
47		沙克多爾	šakdor	唐古特語，手執金剛

順次	滿洲語	漢　字	羅馬拼音	詞　義
48		實　都 實　喇	sidu sira	蒙古語， 牙黃色
49		伯　奇　特 博　羅	beki bolot	蒙古語， 堅固鋼
50		哈　喇 古　勒	haragūl	蒙古語， 哨
51		呼　喇　岱	hūradai	蒙古語， 有雨
52		雅　克　斯 托　果斯	yak togos	蒙古語， 結實孔雀
53		布　色　卜 圖	buse tub	蒙古語， 帶正

順次	滿洲語	漢 字	羅馬拼音	詞 義
54		溫都爾 和卓	ūndur hojo	蒙古語,高 回語,美
55		額哩音 布哈	eriyen buha	蒙古語, 犁花牤牛
56		尼格 布拉克	nige bulak	蒙古語, 一銀蹄
57		扎哈沁	jahacin	蒙古語, 守邊人
58		納琳 哈喇	narin hara	蒙古語, 細黑
59		達爾罕 哈喇斯 哈	dargan hara hasi	蒙古語, 有勤勞 免差役 黑玉

順次	滿洲語	漢　字	羅馬拼音	詞　義
60		德　呼 布　哈	dere buha	蒙古語， 上牝牛
61		額古爾 布　哈	egur buha	蒙古語， 背負牝牛
62		鄂　蘭 鄂　端	olan odon	蒙古語， 眾多星
63		圖古勒 布　哈	tugūl buha	蒙古語， 牛犢牝牛
64		烏呼納	uhūna	蒙古語， �剜
65		扎　古 勒　沁	jagūlcin	蒙古語， 通事
66		薩哈勒 鄂　蘭	sahal olan	蒙古語， 鬚眾多

順次	滿洲語	漢　字	羅馬拼音	詞　義
67		桑 嘉 依	sangjiyai	唐古特語，佛
68		布 呼 齊	bureci	蒙古語，吹海螺人
69		巴 爾 都 爾 蘇	bar dursu	蒙古語，虎體
70		托 歡 徹 爾	tohon cer	蒙古語，釜潔淨
71		瓊 磋	kiongts'o	唐古特語，小池
72		伊 蘇	isu	蒙古語，九
73		薩 蘭	saran	蒙古語，月
74		伊 埒 克 呼 克	ile kerek	蒙古語，明顯事

順次	滿洲語	漢　字	羅馬拼音	詞　義
75		奇拉爾岱	kilardai	蒙古語，眼有微斜
76		托和齊	togoci	蒙古語，司釜人
77		托納 音爾	toin nar	蒙古語，眾僧
78		色額 辰呼	secen ere	蒙古語，聰明男
79		達特 寶穆爾	dasi temur	唐古特語，吉祥　蒙古語，鐵
80		濟古爾岱	jigurdai	蒙古語，有鳥翼
81		珍通	jentung	
82		噶達遜	gadasun	蒙古語，釘

順次	滿洲語	漢　字	羅馬拼音	詞　義
83		巴雅爾	bayar	蒙古語，喜
84		和爾多卜丹	h'or dobdan	唐古特語，蒙古全力
85		薩哈勒圖	sahaltu	蒙古語，有鬚
86		哈濟	haji	蒙古語，犁刀
87		托克托布色	tokto buse	蒙古語，定帶
88		伊特格勒都呼	itegelduhu	蒙古語，彼此相倚靠
89		索羅希	solohi	滿洲語，騷鼠
90		特爾格徹爾	terge cer	蒙古語，車潔淨

順次	滿洲語	漢字	羅馬拼音	詞　義
91		徹爾威	cer oi	蒙古語，潔淨叢林
92		圖嚕古	turugu	蒙古語，頭目
93		納古爾	nagūr	蒙古語，池
94		伊納克特穆爾	inak temur	蒙古語，親和鐵
95		郭斡音賽	gowa sain	蒙古語，俊美好
96		珠嘉	jugiya	
97		德呼黙色	dere mese	蒙古語，上器械

順次	滿洲語	漢 字	羅馬拼音	詞 義
98		穆 爾 特 穆 爾	mur temur	蒙古語， 踪跡鐵
99		紐 掄	nioron	滿洲語， 虹
100		巴 延 額 布 根	bayan ebugen	蒙古語， 富老人
101		伊 嚕 布 哈	iru buha	蒙古語， 尋常牝牛
102		布 哩 頁	buriye	蒙古語， 海螺
103		額 森 博 恰	esen bokiya	蒙古語， 平安身笨
104		穆 齊 特	mūcit	蒙古語， 淺

順次	滿洲語	漢　字	羅馬拼音	詞　義
105		塔斯 布哈	tas buha	蒙古語， 性烈牡牛
106		年扎克 嘉勒璨	niyan jak jiyalts'an	唐古特語， 妙聲揚 幢幡
107		伊勒噶珠	ilgaju	蒙古語， 分別
108		都勒幹	dulfa	唐古特語， 戒律
109		和琳	horin	蒙古語， 二十
110		特古勒 德爾	teguldar	蒙古語， 聰慧
111		拜布哈	bai buha	蒙古語， 不動牡牛

順次	滿洲語	漢　字	羅馬拼音	詞　義
112		桑嘉依 巴勒	sangjiyai bal	唐古特語， 佛威
113		哈喇 曼濟	hara manji	蒙古語， 黑色牝麞
114		伊巴遜爾	isun bar	蒙古語， 九虎
115		塔奇	taki	蒙古語， 野馬
116		諳達 布哈	anda buha	蒙古語， 夥伴牝牛
117		實喇 濟蘇	sira jisu	蒙古語， 黃色顏色

順次	滿洲語	漢　字	羅馬拼音	詞　義
118		斡實琿穆敦	wasihūn mudun	滿洲語，下山腿梁
119		沙克多爾	šakdor	唐古特語，手執金剛
120		和敏	homin	滿洲語，鋤頭
121		安巴巴圖嚕	amba baturu	滿洲語，大勇
122		張律	janglioi	
123		沙實罕	šasihan	滿洲語，羹
124		納木喀勒巴	namk'a bal	唐古特語，天威

順次	滿洲語	漢　字	羅馬拼音	詞　義
125		添嘉努	tiyangiyanu	
126		伊呼森布哈	iresen buha	蒙古語，來牝牛
127		伊勒吉岱	ilgidai	蒙古語，有去毛皮
128		和塔拉穆特爾	hotala temur	蒙古語，普遍鐵
129		伊囉斡	irowa	蒙古語，祥瑞
130		庫春	kucun	蒙古語，力
131		伊蘇托噶	isu toga	蒙古語，九數目

順次	滿洲語	漢　字	羅馬拼音	詞　義
132		莽　賚 特　穆爾	manglai temur	蒙古語， 首先鐵
133		圖沙瑪	tušama	蒙古語， 甲葉
134		奇塔特 布濟克	kitat būjik	蒙古語， 漢人舞
135		延嘉努	yangiyanu	
136		三寶努	samboonu	
137		茂穆蘇	moo mūsu	蒙古語， 不善冰
138		哈喇 格爾	hara ger	蒙古語， 黑色房屋

順次	滿洲語	漢　字	羅馬拼音	詞　義
139		奎　騰	kuiten	蒙古語， 冷
140		斡　罕	wahan	滿洲語， 袖頭
141		克爾格 木騰	kergemten	蒙古語， 有爵
142		多阿克 阿　拉 巴	do ak bal	唐古特語， 經咒 梵語，守護
143		喇特納 巴　拉	ratna bala	梵語， 寶守護
144		明埒克	ming lek	唐古特語， 名好
145		丕勒爾 雅 邁達哩	pil yar maidari	唐古特語， 敷衍上 梵語， 未來佛

順次	滿洲語	漢　字	羅馬拼音	詞　義
146		達克 丹	dak dan	唐古特語， 常全
147		鄂托斯 布哈	otos buha	蒙古語， 野牛牝牛
148		塔斯 哈雅	tas haya	蒙古語， 性烈山墻
149		和斯 哈雅	hos haya	蒙古語， 雙山墻
150		額爾吉訥	ergine	蒙古語， 旋轉
151		巴勒 達實	bal dasi	唐古特語， 威吉祥
152		奇爾台 鄂諾	kirtai ono	蒙古語， 有斑點 牡黃羊

順次	滿洲語	漢　字	羅馬拼音	詞　義
153		諤卜都拉	ūbdula	回語，敬天人
154		庫爾巴雅爾	kur bayar	蒙古語，鬧熱喜
155		奇塔特岱爾	kitat dair	蒙古語，漢人牡鹿
156		察納	cana	蒙古語，那邊
157		圖特沁穆特穆爾	tucin temur	大力鐵
158		英通	ingtung	
159		科綽	koco	滿洲語，幽僻處

順次	滿洲語	漢　字	羅馬拼音	詞　義
160		額森 布格	esen būge	蒙古語， 平安巫
161		阿實克 特穆爾	asik temur	蒙古語， 利鐵
162		鄂爾多	ordo	蒙古語， 亭
163		伊爾齊	irci	蒙古語， 填滿
164		布達 達實	buda dasi	佛吉祥
165		哲古訥	jegune	蒙古語， 佩
166		胡土克圖	kūtuktu	蒙古語， 再來人
167		伊喇希	irahi	滿洲語， 水波紋

順次	滿洲語	漢字	羅馬拼音	詞義
168		拜呼	baihū	蒙古語，住
169		邁珠	maiju	
170		伊瑪噶	imaga	蒙古語，山羊
171		伊嚕	iru	蒙古語，尋常
172		袞楚克戩	guncuk jiyan	唐古特語，有三寶
173		托里布哈	toli buha	蒙古語，鏡牡牛
174		塔斯岱	tasdai	蒙古語，有性烈
175		徹爾濟蘇	cer jisu	蒙古語，潔淨顏色
176		斯多卜丹	sdobdan	唐古特語，全力

順次	滿洲語	漢　字	羅馬拼音	詞　義
177		烏嚕克實	uruksi	蒙古語，向前
178		塔喇齊	taraci	蒙古語，農夫
179		特穆爾齊	temurci	蒙古語，鐵匠
180		哈蘇台吉嚕	hasutai giru	滿洲語，左手射身材
181		伊拉瑪斯和	ilama hos	蒙古語，桑樹雙
182		瑪哈丹達爾	maha dandar	大廣教

順次	滿洲語	漢　字	羅馬拼音	詞　義
183		桑嘉依沙	sangjiyai ša	唐古特語，佛冠
184		嘉勒斡巴勒勒	jiyalwa bal	唐古特語，勝威
185		托卜華	tob hūwa	滿洲語，正院
186		訥黙古哩	nemeguri	蒙古語，增添
187		伊勒濟呼	iljire	蒙古語，朽爛
188		哈喇繖	harasan	蒙古語，瞭望
189		德呼特爾穆哈布	dere temur buha	蒙古語，上鐵牤牛

順次	滿洲語	漢　字	羅馬拼音	詞　義
190		呼拉干齊	hūlaganci	蒙古語，捕盜人
191		多喇	doora	蒙古語，下
192		羅丹	lodan	唐古特語，智慧全
193		專	juwan	滿洲語，十
194		喇嘛噶圖勒	lama gatule	蒙古語，番僧使涉水
195		琳沁巴勒	rincin bal	唐古特語，寶威
196		巴爾斯濟德巴	bars deji	蒙古語，虎上分
197		保巴	baoba	蒙古語，下降

順次	滿洲語	漢　字	羅馬拼音	詞　義
198		克布　呼哈	kere buha	蒙古語，野外牝牛
199		布尼　琳敦	burin nidun	蒙古語，全眼
200		多爾　濟戩	dorji jiyan	唐古特語，有金剛
201		哈納　喇喇蘇	hara narasu	蒙古語，黑色松樹
202		桑實　嘉依哩	sangjiyai siri	佛威
203		薩察古	sacagū	蒙古語，齊

順次	滿洲語	漢字	羅馬拼音	詞義
204		察罕額布勒津	cagan ebuljin	蒙古語，白色過冬處
205		呼達勒	hūdal	蒙古語，謊語
206		達都勒	dadu	梵語，界
207		索勒濟爾威	soljir oi	蒙古語，單數叢林
208		瑪爾布允則	marbu yon dze	唐古特語，紅色布施財
209		哩日	ri ži	唐古特語，山四
210		薩納	sana	蒙古語，心

順次	滿洲語	漢　字	羅馬拼音	詞　義
211		托爾 濟延	toor jiyan	蒙古語， 網命
212		瑪爾	mar	唐古特語， 紅色
213		巴圖魯 魯斯	batu lus	蒙古語， 結實龍
214		鄂齊爾	ocir	蒙古語， 金剛
215		達實密	dasi mi	唐古特語， 吉祥人
216		琳沁 策實 喇實	rincin ts'e rasi	唐古特語， 寶壽 吉祥
217		博迪蘇	bodisu	滿洲語， 菩提子
218		舒巴勒	šu bal	唐古特語， 弓威

順次	滿洲語	漢　字	羅馬拼音	詞　義
219		丹達	danda	唐古特語，令
220		堪布	k'ambu	唐古特語，住持
221		奇徹勒	kicel	蒙古語，勤
222		庫哩勒	kuril	蒙古語，青銅

資料來源：《欽定四庫全書》，「史部」，《欽定元史語解》，
　　　　卷十四。

　　表中人名，計二二二人，曼濟岱（manjidai），意即
「有牝麛」，卷十八作「蠻子帶」，又作「蠻子台」。和
通（hotung），係回人，卷十八作「和童」。伊埒布哈（ile
buha），意即「明顯牝牛」，卷十八作「亦里不花」。扎
實（jasi），意即「吉祥」，卷十八作「札柵」。甘珠爾丹
（g'anjur dan），意即「全藏經」，卷十八作「敢木丁」。
約蘇卜（yosub），係回人名，卷十八作「玉速福」，卷
四十二作「禹蘇福」，卷六十三作「月祖伯」。鴻吉勒
岱（honggildai），意即「有樹孔」，卷十八作「宏吉烈
帶」。庫齊圖（kuci），意即「有力」，卷十八作「困赤
禿」。伯頁烏珍（beye ujen），意即「身穩重」，卷十八
作「伯牙兀真」。齊老（cilao），意即「石」，卷十八作
「赤里由」。日巴（žiba），意即「第四」，卷十八作「柔
伯」。雅布（yabu），意即「行」，卷十八作「牙伯」。

喇嘛（lama），意即「番僧」，卷十八作「剌麻」。庫齊楞（kucilen），意即「用力」，卷十八作「闊怯倫」。瑪克展（makjan），意即「矬子」，漢語「矬」，意即「短」，「矬子」，意即「矮子」。

　　孟克薩喇（mūngke sara），「孟克」意即「經常之經」，「薩喇」意即「月」，卷十八作「忙哥撒而」。昂哈布哈（angha buha），意即「起初牤牛」，卷十八作「阿黑不花」。和囉羅（horolo），意即「用威」，卷十八作「合魯剌」。莽賚布哈（manglai buha），意即「首先牤牛」，卷十八作「明里不花」，卷九十二作「明理不花」。巴雅爾台（bayartai），意即「有喜」，卷十八作「伯遙帶」，卷二十七作「伯要台」，又作「伯牙台」。濟爾噶朗（jirgalang），意即「安逸」，卷十八作「只而合朗」，卷二十三作「只兒合郎」，卷二十七作「只兒哈郎」，卷四十一作「執禮哈瑯」，卷一七三作「執而合即」。哈剌布哈（hara buha），意即「黑色牤牛」，卷十八作「曷剌不花」，卷四十一作「哈剌不花」，卷一九三作「合剌普華」。密拉忠（mila jung），蒙古語「密拉」（mila），意即「西番祖師名」，唐古語「忠」（jung），意即「護法」，卷十八作「密剌章」。雅克諾木（yak nom），意即「結實經」，卷十八作「牙那木」，卷一七三作「牙納木」。鼐濟（naiji），意即「女友」，卷十八作「涅只」。博碩噶（bošoga），意即「門檻」，卷十八作「別思葛」。奇爾薩巴（kir saba），意即「斑點器皿」，卷十八作「曲列失伯」。必舒（bišu），意即「伶便」，卷十八作「別闍」。滿達勒（mandal），意即「壇」，卷十八作「買

的」，卷一〇〇作「買的撒」，卷一四五作「馬都剌」。穆爾德濟（murdeji），意即「效法」，卷十八作「速而的斤」，卷五十作「迷兒的斤」。

　　哈喇哈達（hara hada），意即「黑色山峰」，卷十八作「火而忽答」，卷三十二作「火兒忽答」，卷三十三作「火里忽達」。塔奇勒圖特穆爾（takiltu temur），意即「有祭祀鐵」，卷十九作「鐵赤脫鐵木而」。圖沁（tucin），意即「力大」，卷十九作「禿赤」，卷二十三作「禿堅」，卷三十八作「脫肩」。托和巴（tohoba），意即「已鞁」，卷十九作「脫忽伯」。慶通（kingtun），卷十九作「慶童」，無解義。伊埒布哈（ile buha），意即「明顯牡牛」，卷十九作「也里不花」，卷三十作「燕里不花」，又作「燕禮不花」，卷三十三作「延里不花」，卷三十九作「玉里不花」，卷四十二作「延禮不花」。雅爾堅（yargiyan），意即「真實」，卷十九作「也里慳」，卷一二九作「岳里吉」，卷一三八作「岳來吉」。哲埒（jele），意即「連繩」，卷十九作「只列」。伊呼訥（irene），意即「來」，卷十九作「岳樂」。巴特瑪琳沁（batma rincin），意即「蓮花寶」，卷十九作「八都馬辛」。達爾罕（dargan），意即「凡有勤勞免其差役」，卷十九作「答剌罕」。巴喇密特（baramit），意即「到彼岸」，卷十九作「別馬里思丹」，卷二〇二作「日班彌怛」。額卜齊（ebci），意即「肋」，卷十九作「阿不察」。實喇台（siratai），意即「有黃色」，卷十九作「闍里台」。都爾蘇（dursu），意即「體」，卷十九作「脫而速」，卷二十九作「倒剌沙」。鄂蘭實喇（olan sira），意即「眾多黃色」，卷十九作「斡羅

失剌」。沙克多爾（šakdor），意即「手執金剛」，卷十九作「沙禿而」。

實都實喇（sidu sira），意即「牙黃色」，卷十九作「撒都失里」。伯奇博羅特（beki bolot），意即「堅固鋼」，卷十九作「伯真索羅」。哈喇古勒（hargūl），意即「哨」，卷十九作「合剌魯」。呼喇岱（hūradai），意即「有雨」，卷十九作「忽剌帶」，卷一八六作「忽剌歹」。雅克托果斯（yak togos），意即「結實孔雀」，卷十九作「燕禿忽思」。布色圖卜（buse tob），意即「帶正」，卷十九作「不思塔白」。溫都爾和卓（ūndur hojo），意即「高美」，卷十九作「暗都爾火者」。額哩音布哈（eriyen buha），意即「犁花牝牛」，卷十九作「阿林不花」。尼格布拉克（nige bulak），意即「一銀蹄」，卷十九作「念不列」，卷二十作「念不烈」。扎哈沁（jahacin），意即「守邊人」，卷十九作「札忽真」。納琳哈喇（narin hara），意即「細黑色」，卷十九作「納琳合剌」，卷四十三作「納麟哈喇」，卷四十四作「納麟合剌」。達爾罕哈喇哈斯（dargan hara has），意即「凡有勤勞免其差役黑玉」，卷二十作「答剌罕哈剌哈孫」。德呼布哈（dere buha），意即「上牝牛」，卷二十作「的里不花」。額古爾布哈（egur buha），意即「背負牝牛」，卷二十作「月古不花」。鄂蘭鄂端（olan odon），意即「眾多星」，卷二十作「兀魯兀敦」。圖古勒布哈（tugūl buha），意即「牛犢牝牛」，卷二十作「禿忽魯不花」，卷三十四作「圖格里不花」。烏呼納（uhūna），意即「剼」，卷二十作「忽難」，又作「月忽難」，卷三十六作「岳忽南」，又作「要忽難」。

扎古勒沁（jagūlcin），意即「通事」，卷二十作「札忽而真」。薩哈勒鄂蘭（sahal olan），意即「鬚眾多」，卷二十作「撒而兀魯」。桑嘉依（sangjiyai），意即「佛」，卷二十作「僧家」，卷四十一作「星吉」。布哷齊（bureci），意即「吹海螺人」，卷二十作「不蘭奚」，卷三十二作「孛倫赤」，卷三十七作「孛蘭奚」，卷一二二作「普蘭溪」，卷一八七作「卜蘭谿」。巴爾都爾蘇（bardursu），意即「虎體」，卷二十作「八憐脫列思」。托歡徹爾（tohon cer），意即「釜潔淨」，卷二十作「脫歡察而」，卷三十二作「脫歡察兒」，卷一〇〇作「脫忽察」。瓊磋（kiongts'o），意即「小池」，卷二十作「雄挫」。伊蘇（isu），意即「九數」，卷二十作「也孫」，卷二十二作「也速」，卷六十四作「移僧」，卷一〇八作「亦思」。薩蘭（saran），意即「月」，卷二十作「沙藍」。伊埒克哷克（ile kerek），意即「明顯事」，卷二十作「月裏可里」。奇拉爾岱（kiladai），意即「有眼微斜」，卷二十作「怯列亦帶」。托和齊（togoci），意即「司釜人」，卷二十作「禿忽赤」，卷二十五作「脫火赤」。托音納爾（toinnar），意即「眾僧」，卷二十作「脫因納」，卷三十四作「脫亦納」。色辰額哷（secen ere），意即「聰明男」，卷二十作「薛超兀而」，卷一二〇作「薛徹兀兒」。達實特穆爾（dasi temur），意即「吉祥鐵」，卷二十作「塔赤鐵木而」，卷二十一作「塔失鐵木而」，卷二十四作「鐵失鐵木兒」，又作「塔失帖木兒」，卷二十七作「答失鐵木兒」，卷四十作「達識帖睦邇」。濟古爾岱（jigurdai），意即「有鳥翼」，卷二十作「札忽而帶」，卷一一二作「扎忽

兒觮」。珍通（jentung），卷二十作「真童」，無解義。噶
達遜（gadasun），意即「釘」，卷二十作「合答孫」。

巴雅爾（bayar），意即「喜」，卷二十作「伯牙
倫」。和爾多卜丹（h'or dobdan），意即「蒙古全力」，卷
二十作「忽都不丁」，卷一九六作「獲獨步丁」。薩哈勒
圖（sahaltu），意即「有鬚」，卷二十作「撒罕禿」。哈濟
（haji），意即「犁刀」，卷二十作「合只」，卷三十五作
「哈只」。托克托布色（tokto buse），意即「定帶」，卷
二十作「脫脫不沙」。伊特格勒都呼（itegelduhu），意即
「彼此相倚靠」，卷二十一作「也梯忽而的合」。索羅希
（solohi），意即「騷鼠」，卷二十一作「小蘭禧」。特爾
格徹爾（terge cer），意即「車潔淨」，卷二十一作「鐵哥
察而」。徹爾威（cer oi），意即「潔淨叢林」，卷二十一
作「察力威」。圖嚕古（turugu），意即「頭目」，卷二十
一作「禿魯花」。納古爾（nagūr），意即「池」，卷二十
一作「納忽里」，卷三十九作「南忽里」。伊納克特穆爾
（inak temur），意即「親和鐵」，卷二十一作「也奴鐵木
而」。郭斡賽音（gowa sain），意即「俊美好」，卷二十
一作「忽賽因」。珠嘉（jugiya），卷二十一作「尤甲」，
無解義。德呀默色（dere mese），意即「上器械」，卷二十
一作「迭里迷失」，卷四十五作「迭里彌實」。穆爾特穆爾
（mur temur），意即「踪跡鐵」，卷二十一作「滅里鐵木
而」，卷三十二作「滅里鐵木兒」。

紐掄（nioron），意即「虹」，卷二十一作「奴倫」，
又作「奴兀倫」，卷一四九作「尼倫」。巴延額布根
（bayan ebugen），意即「富老人」，卷二十一作「伯顏也

不干」。伊嚕布哈（iru buha），意即「尋常牤牛」，卷二十一作「月里不花」，卷二十八作「月魯不花」，卷三十二作「玥璐不花」。布哩頁（buriye），意即「海螺」，卷二十一作「普而耶」。額森博恰（esen bokiya），意即「平安身笨」，卷二十一作「也先博怯」。穆齊特（mūcit），意即「淺」，卷二十一作「滅怯禿」，卷八十七作「滅怯禿」，卷一四〇作「忙怯禿」。塔斯布哈（tas buha），意即「性烈牤牛」，卷二十一作「塔思不花」，卷八十一作「達布化」。年扎克嘉勒燦（niyan jak jiyalts'an），意即「妙聲揚幢旛」，卷二十一作「輦真監藏」。伊勒噶珠（ilgaju），意即「分別」，卷二十一作「也列干住」。都勒斡（dulwa），意即「戒律」，卷二十一作「朶瓦」，卷一一七作「篤哇」，卷一一八作「篤蛙」，卷一一九作「篤娃」，卷一二二作「都哇」，卷一三〇作「禿魯麻」，卷一三二作「朶哇」。和琳（horin），意即「二十」，卷二十一作「忽鄰」，卷一一八作「忽憐」。特古勒德爾（tegulder），意即「聰慧」，卷二十一作「鐵古迭而」，卷二十二作「鐵古迭兒」，卷九十五作「帖古迭而」。拜布哈（bai buha），意即「不動牤牛」，卷二十一作「別不花」，卷三十一作「百不花」，卷三十五作「拜不花」。

桑嘉依巴勒（sangjiyai bal），意即「佛威」，卷二十一作「相加班」，卷三十三作「星吉班」。哈喇曼濟（hara manji），意即「黑色牝麞」，卷二十一作「合剌蠻子」，卷一一二作「哈剌蠻子」。伊遜巴爾（isun bar），意即「九虎」，卷二十一作「也先伯」。塔奇（taki），意即「野馬」，卷二十一作「塔乞」。諳達布哈（anda buha），意

即「夥伴牡牛」，卷二十一作「按替不花」，卷二十八作「案忒不花」，又作「按梯不花」。實喇濟蘇（sira jisu），意即「黃色顏色」，卷二十一作「昔而吉思」，卷一〇〇作「撒兒吉思」，卷一二〇作「昔里吉思」，卷一三二作「昔兒吉思」，卷一四三作「錫里吉思」。斡實琿穆敦（wasihūn mudun），意即「下山腿梁」，卷二十一作「王渾木敦」。沙克多爾（šakdor），意即「手執金剛」，卷二十一作「沙都而」。和敏（homin），意即「鋤頭」，卷二十一作「合民」。安巴巴圖嚕（amba baturu），意即「大勇」，卷二十一作「暗伯拔突」。張律（janglioi），卷二十一作「張閭」，卷二十四作「張驢」，無解義。沙實罕（šasihan），意即「羹」，卷二十一作「小薛干」。納木喀巴勒（namk'a bal），意即「天威」，卷二十一作「南哥班」。添嘉努（tiyangiyanu），卷二十一作「天下奴」，無解義。伊哷森布哈（iresen buha），意即「來牡牛」，卷二十一作「玉龍失不花」，卷四十四作「月倫失不花」。伊勒吉岱（ilgidai），意即「有去毛皮」，卷二十一作「亦里吉帶」。和塔拉特穆爾（hotala temur），意即「普遍鐵」，卷二十一作「忽都魯鐵木而」。伊囉斡（irowa），意即「祥瑞」，卷二十一作「也里完」。

庫春（kucun），意即「力」，卷二十一作「欵徹」，卷三十作「寬徹」，又作「曲出」，卷四十二作「濶怯」，卷一〇八作「曲春」。伊蘇托噶（isu toga），意即「九數目」，卷二十二作「也孫禿阿」。莽賚特穆爾（manglai temur），意即「首先鐵」，卷二十二作「明里鐵木兒」。圖沙瑪（tušama），意即「甲葉」，卷二十二作

「禿曲滅」，卷九十九作「禿思馬」。奇塔特布濟克（kitat būjik），意即「漢人舞」，卷二十二作「乞台普濟」。延嘉努（yangiyanu），卷二十二作「燕家奴」，無解義。三寶努（samboonu），卷二十二作「三寶奴」，無解義。茂穆蘇（moo mūsu），意即「不善冰」，卷二十二作「馬謀沙」，卷一三九作「馬馬沙」。哈喇格爾（hara ger），意即「黑色房屋」，卷二十二作「憨剌合兒」，卷九十五作「憨剌哈兒」。奎騰（kuiten），意即「冷」，卷二十二作「佤頭」。斡罕（wahan），意即「袖頭」，卷二十二作「斡忽」。克爾格木騰（kergemten），意即「有爵」，卷二十二作「怯里木丁」，又作「怯來木丁」。多阿克巴拉（do ak bal），唐古特語「多阿克」，意即「經咒」，梵語「巴拉」，意即「守護」，卷二十二作「琱阿不剌」。喇特納巴拉（ratna bala），意即「寶守護」，卷二十二作「阿剌納八剌」。明埒克（ming lek），意即「名好」，卷二十二作「明里克」，卷一〇五作「明理」。丕勒雅爾邁達哩（pil yar maidari），唐古特語「丕勒」，意即「敷衍」，「雅爾」，意即「上」，梵語「邁達哩」，意即「未來佛」，卷二十二作「肥兒牙兒迷的里」。達克丹（dak dan），意即「常全」，卷二十二作「鐵肐膽」。

鄂托斯布哈（otos buha），意即「野牛牤牛」，卷二十二作「兀都思不花」，卷二十六作「元都思不花」，卷二十七作「兀都不花」。塔斯哈雅（tas haya），意即「性烈山墻」，卷二十二作「塔失海牙」，卷三十二作「塔失海涯」。和斯哈雅（hos haya），意即「雙山墻」，卷二十二作「火失海牙」，卷一四五作「惠山海牙」。額爾吉訥

（ergine），意即「旋轉」，卷二十二作「也兒吉尼」，卷二十七作「也先吉尼」，卷二十九作「也兒吉你」，又作「也先吉你」，卷一一八作「也里吉尼」。巴勒達實（baldasi），意即「威吉祥」，卷二十二作「孛羅答失」。奇爾台鄂諾（kirtai ono），意即「有斑點牡黃羊」，卷二十二作「乞兒乞帶亦難」。諤卜都拉（ūbdula），意即「敬天人」，卷二十二作「烏伯都剌」，又作「兀伯都剌」。庫爾巴雅爾（kur bayar），意即「鬧熱喜」，卷二十二作「潤爾伯牙里」。奇塔特岱爾（kitat dair），意即「漢人牡鹿」，卷二十二作「赤塔塔兒」。察納（cana），意即「那邊」，卷二十二作「察乃」，卷六十五作「茶乃」。圖沁特穆爾（tucin temur），意即「大力鐵」，卷二十二作「禿監鐵木兒」，卷二十三作「禿堅鐵木兒」。英通（ingtung），卷二十二作「應童」，無解義。科綽（koco），意即「幽僻處」，卷二十二作「寬闍」，卷三十八作「闊徹」。額森布格（esen būge），意即「平安巫」，卷二十二作「也先孛可」。阿實克特穆爾（asik temur），意即「利鐵」，卷二十二作「阿失鐵木兒」。鄂爾多（ordo），意即「亭」，卷二十二作「斡耳朵」。

伊爾齊（irci），意即「填滿」，卷二十二作「月里赤」。布達達實（buda dasi），梵語「布達」，意即「佛」，唐古特語「達實」，意即「吉祥」，卷二十二作「不達達思」。哲古訥（jegune），意即「佩」，卷二十二作「拙忽難」。胡土克圖（kūtuktu），意即「再來人」，卷二十二作「忽禿禿」，卷一三三作「火奪都」，卷一三七作「忽都篤」，卷一六五作「忽都土」。伊喇希（irahi），意

即「水波紋」，卷二十二作「牙兒昔」。拜呼（baihū），意即「住」，卷二十二作「八亦忽」。邁珠（maiju），卷二十二作「買住」，卷一六二作「麥朮」，無解義。伊瑪噶（imaga），意即「山羊」，卷二十二作「亦馬罕」。伊嚕（iru），意即「尋常」，卷二十二作「月魯」。袞楚克戩（guncuk jiyan），意即「有三寶」，卷二十二作「管祝思監」。托里布哈（toli buha），意即「鏡牤牛」，卷二十二作「脫里不花」，卷一九五作「朵兒不花」。塔斯岱（tasdai），意即「有性烈」，卷二十二作「塔思帶」。徹爾濟蘇（cer jisu），意即「潔淨顏色」，卷二十二作「徹兒怯思」。斯多卜丹（sdobdan），意即「全力」，卷二十二作「撒多丁」。烏嚕克實（uruksi），意即「向前」，卷二十二作「烏刺沙」，塔喇齊（taraci），意即「農夫」，卷二十二作「塔利赤」。特穆爾齊（temurci），意即「鐵匠」，卷二十二作「鐵木察」。哈蘇台吉嚕（hasutai giru），意即「左手射身材」，卷二十二作「合只鐵即刺」。伊拉瑪和斯（ilama hoa），意即「桑樹雙」，卷二十二作「也列門合散」。瑪哈丹達爾（maha dandar），梵語「瑪哈」，意即「大」，唐古特語「丹達爾」，意即「廣教」，卷二十二作「馬合馬丹的」。

桑嘉依沙（sangjiyai ša），意即「佛冠」，卷二十二作「藏吉沙」。嘉勒斡巴勒（jiyalwa bal），意即「勝威」，卷二十二作「教瓦班」，卷三十七作「加兒麻哇剌」。托卜華（tob hūwa），意即「正院」，卷二十二作「脫孛花」。訥默古哩（nemeguri），意即「增添」，卷二十二作「南木忽里」，卷二十三作「那木忽里」。伊勒濟哷（iljire），

意即「朽爛」，卷二十二作「也兒吉兒」。哈喇繖（harasan），意即「瞭望」，卷二十二作「和郎撒」。德呼特穆爾布哈（dere temur buha），意即「上鐵牤牛」，卷二十三作「迭里帖木兒不花」。呼拉干齊（hūlaganci），意即「捕盜人」，卷二十三作「忽里合赤」。多喇（doora），意即「下」，卷二十三作「朵來」。羅丹（lodan），意即「智慧全」，卷二十三作「老的」。專（juwan），意即「十」，卷二十三作「注安」。喇嘛噶圖勒（lama gatul），意即「番僧使涉水」，卷二十三作「剌馬甘禿剌」。琳沁巴勒（rincin bal），意即「寶威」，卷二十三作「令真巴」，卷三十一作「亦憐真八」，卷三十四作「亦憐真班」，卷一二〇作「亦憐只班」，卷一三九作「懿憐真班」。巴爾斯德濟（bars deji），意即「虎上分」，卷二十三作「八兒思的斤」。保巴（baoba），意即「下降」，卷二十三作「保八」。克呼布哈（kere buha），意即「野外牤牛」，卷二十三作「帖里不花」。布琳尼敦（burin nidun），意即「全眼」，卷二十三作「不里牙敦」，卷二十四作「不里牙屯」，卷四十二作「卜禮月敦」，卷一九五作「卜禮牙敦」。

多爾濟戩（dorji jiyan），意即「有金剛」，卷二十三作「脫兒赤顏」。哈喇納喇蘇（hara narasu），意即「黑色松樹」，卷二十三作「合魯納答思」。桑嘉依實哩（sangjiyai siri），唐古特語「桑嘉依」，意即「佛」，梵語「實哩」，意即「威」，卷二十三作「桑加失里」。薩察古（sacagū），意即「齊」，卷二十三作「薛澈兀」。察罕額布勒津（cagan ebuljin），意即「白色過冬處」，卷二十三

作「察罕亦不剌金」。呼達勒（hūdal），意即「謊語」，卷二十三作「忽答兒」。達都（dadu），意即「界」，卷二十三作「大都」。索勒濟爾威（soljir oi），意即「單叢林」，卷二十三作「算只兒威」。瑪爾布允則（marbu yon dze），意即「紅色布施財」，卷二十三作「迷不韻子」。哩日（ri ži），意即「山四」，卷二十三作「鼇日」。薩納（sana），意即「心」，卷二十三作「四奴」。托爾濟延，蒙古語「托爾」（toor），意即「網」，「濟延」（jiyan），意即「天命之命」，卷二十三作「朶而赤顏」。瑪爾（mar），意即「紅色」，卷二十三作「馬兒」。巴圖魯斯（batu lus），意即「結實龍」，卷二十三作「別都魯思」，又作「別都忽思」。鄂齊爾（ocir），意即「金剛」，卷二十三作「斡赤」，卷二十九作「斡亦」，卷一五一作「阿察兒」。達實密（dasi mi），意即「吉祥人」，卷二十三作「答失蠻」。琳沁策喇實（rincin ts'e rasi），意即「寶壽吉祥」，卷二十三作「亦憐真乞烈思」，卷二十四作「亦憐真乞剌思」。博迪蘇（bodisu），意即「菩提子」，卷二十三作「伯答沙」。舒巴勒（šu bal），意即「弓威」，卷二十三作「水八剌」。丹達（danda），意即「令」，卷二十三作「但的」。堪布（k'ambu），意即「住持」，卷二十三作「澉浦」。奇徹勒（kicel），意即「勤」，卷二十三作「乞失剌」。庫哩勒（kuril），意即「青銅」，卷二十三作「曲列」，卷三十二作「曲烈」。

　　牤牛（buha），是種公牛，特穆爾（temur），是鐵。表中人名，多以牤牛、鐵為名。伊埒布哈（ile buha），意即「明顯牤牛」。昂哈布哈（angha buha），意即「起初

牝牛」。莽賚布哈（manglai buha），意即「首先牝牛」。
哈喇布哈（hara buha），意即「黑色牝牛」。額哩音布
哈（eriyen buha），意即「犁花牝牛」。德哷布哈（dere
buha），意即「上牝牛」。額古爾布哈（egur buha），意即
「背負牝牛」。圖古勒布哈（tugūl buha），意即「牛犢牝
牛」。伊嚕布哈（iru buha），意即「尋常牝牛」。塔斯布
哈（tas buha），意即「性烈牝牛」。拜布哈（bai buha），
意即「不動牝牛」。諳達布哈（anda buha），意即「夥伴牝
牛」。伊哷森布哈（iresen buha），意即「來牝牛」。鄂托
斯布哈（otos buha），意即「野牛牝牛」。托里布哈（toli
buha），意即「鏡牝牛」。德哷特穆爾布哈（dere temur
buha），意即「上鐵牝牛」。克哷布哈（kere buha），意即
「野外牝牛」。塔奇勒圖特穆爾（takiltu temur），意即「有
祭祀鐵」。達實特穆爾（dasi temur），意即「吉祥鐵」。
伊納克特穆爾（inak temur），意即「親和鐵」。穆爾特穆
爾（mur temur），意即「踪跡鐵」。和塔拉特穆爾（hotal
temur），意即「普遍鐵」。莽賚特穆爾（manglai temur），
意即「首先鐵」。圖沁特穆爾（tucin temur），意即「大力
鐵」。阿實克特穆爾（asik temur），意即「利鐵」。特穆爾
齊（temurci），意即「鐵匠」。了解人名詞義，有助於了解
命名的由來。

堪布	欽定四庫全書	丹達		舒巴勒		博迪蘇	
唐古特語任持也卷二十三作澈浦	欽定元史語解 卷十四	阿穆烏補	達安阿達	勒 唐古特語舒弓也巴勒威也卷二十三作水八剌	舒巴勒 烏阿勒	滿洲語菩提子也卷二十三作伯答沙	玻氐蘇 鄂伊烏蘇
	三十	丹達 唐古特語令也卷二十三作但的					

欽定四庫全書

欽定元史語解卷十五

人名

蘇爾威　瑪等臨蘇補哈

蘇爾約蘇布哈　蘇爾威也約蘇道理也布哈牡
　巡逰卷二十四作小雲石不花

托和齊巴圖爾　托和齊金人也巴圖爾勇也
　卷二十四作脫火赤扳都兒

那瑪實伊阿闥哷

尊儸

十五、《欽定元史語解》人名（七）

《欽定元史語解·人名》滿漢對照表

順次	滿洲語	漢　字	羅馬拼音	詞　　義
1		蘇爾蘇哈約布	sur yosu buha	蒙古語，威道理牤牛
2		托和齊巴圖爾	togoci batur	蒙古語，司釜人勇
3		額爾吉	ergi	蒙古語，河坎
4		伊拉齊	ilaci	滿洲語，第三

順次	滿洲語	漢　字	羅馬拼音	詞　義
5		和塔拉 都　哩 黙　色	hotala duri mese	蒙古語， 普遍 形像 器械
6		塔舒爾	tašur	蒙古語， 鞭
7		班迪達	bandida	梵語， 賢能
8		伊實丹	isi dan	唐古特語， 智慧全
9		巴喇瑪 索和爾	barama sohor	蒙古語， 單弱 瞽目

順次	滿洲語	漢　字	羅馬拼音	詞　義
10		額哩音 特穆爾	eriyen temur	蒙古語， 花紋鐵
11		達爾瑪 吉爾迪	darma girdi	梵語， 法聲揚
12		博　碩	bošo	蒙古語， 伶便
13		達　斡 巴　勒	dawa bal	唐古特語， 月威
14		阿哩雅 實哩	ariya siri	梵語， 聖威
15		藏　布 班巴爾	sangbu banbar	唐古特語， 好奮勇

順次	滿洲語	漢　字	羅馬拼音	詞　義
16		吹喇實	coi rasi	唐古特語， 經吉祥
17		穆哩庫	murikū	滿洲語， 執拗人
18		伊克 鼐爾	ike nair	蒙古語， 大和氣
19		納琳	narin	蒙古語， 細
20		台納	taina	蒙古語， 祭祀
21		巴勒 楚克 納	bal cu nak	唐古特語， 威水 黑色
22		哈薩	hasa	滿洲語， 令急快
23		奈瑪台	naimatai	蒙古語， 有八數

順次	滿洲語	漢　字	羅馬拼音	詞　義
24		阿哩雅	ariya	梵語， 聖
25		托斯和 黙　色	tosho mese	蒙古語， 莊屯器械
26		蘇爾 蘇達勒	sur sudal	蒙古語， 威脈
27		阿爾 穆蘇	ar mūsu	蒙古語， 花紋冰
28		鄂博 哈雅	obo haya	蒙古語， 堆石山墻
29		和卓	hojo	回語， 美麗

順次	滿洲語	漢字	羅馬拼音	詞義
30		鄂濟吹爾則特	coiji otdzer	唐古特語，法光
31		齊哈伊爾爾布	irci buha	蒙古語，填滿牝牛
32		克實阿爾岱	asik dair	蒙古語，利牡鹿
33		春拉庫塔色和黙	kucun hotala mese	蒙古語，力普遍器械
34		哈勒布濟	buha jil	蒙古語，牝牛年

順次	滿洲語	漢　字	羅馬拼音	詞　義
35		巴勒丹	baldan	唐古特語，威全
36		吹丹	coi dan	唐古特語，經全
37		托歡達爾罕	tohon dargan	蒙古語，釜免差役
38		巴勒托音	bal toin	威僧
39		圖勒噶特穆爾	tulga temur	蒙古語，鍋撐鐵
40		和拉蘇默	hola sume	蒙古語，遠廟

順次	滿洲語	漢　字	羅馬拼音	詞　義
41		嘉斯薩巴	sasgiya ba	唐古特語，紅教人
42		博迪爾穆爾	bodi mur	蒙古語，菩提路
43		克里瑪鼎	kelimadin	蒙古語，回人名
44		阿嚕圖	arutu	蒙古語，有山陰
45		諤斯伯	ūsbe	蒙古語，長成
46		扎吉尼	jagini	蒙古語，空行佛母
47		納古爾岱爾	nagūr dair	蒙古語，池牡鹿

順次	滿洲語	漢　字	羅馬拼音	詞　義
48		噶布實燦勒布 袞諾爾寶勒勒布 喇嘉巴藏	gung'a norbu rasi jiyalts'an bal dzangbu	唐古特語， 普喜 寶吉祥 幢旛 威 好
49		雅克雅哈	yak haya	蒙古語， 結實山墻
50		昂特哈爾穆爾	angha temur	蒙古語， 起初鐵
51		鄂羅木烏遜	olom usun	蒙古語， 渡口水

順次	滿洲語	漢　字	羅馬拼音	詞　義
52		桑 烏遜	sang usun	蒙古語，倉水
53		托克 托沁	toktocin	蒙古語，定
54		浩爾齊 特穆爾 布哈	hoorci temur buha	蒙古語，吹口琴人 鐵牝牛
55		和拉 岱爾	hola dair	蒙古語，遠牝鹿
56		瑪魯	malu	蒙古語，甕
57		瑪爾布 瑪木 裕爾結	marbu yum jiye	唐古特語，紅色母 孿生

順次	滿洲語	漢　字	羅馬拼音	詞　義
58		謁勒哲 布　哈	ūljei buha	蒙古語， 壽牝牛
59		達哈蘇	dahasu	滿洲語， 和順
60		奇哩巴	kiriba	滿洲語， 善忍耐人
61		圖　們 特穆爾	tumen temur	蒙古語， 萬鐵
62		阿勒坦 綽　克	altan cok	蒙古語， 金威
63		扎　蘭 齊　喇	jalan cira	滿洲語， 世嚴
64		實德哩	sideri	滿洲語， 馬絆

順次	滿洲語	漢　字	羅馬拼音	詞　義
65		超　爾 達　爾罕	coor dargan	蒙古語， 筘免差役
66		昂　吉爾	anggir	蒙古語， 黃野鴨
67		齊　諾	cino	蒙古語， 狼
68		諳　達爾 穆　爾	anda mur	蒙古語， 夥伴踪跡
69		烏　訥爾 巴　圖爾	uner batur	蒙古語， 誠勇
70		濟　嚕海	jiruhai	蒙古語， 算法
71		僧　格 巴　勒	sengge bal	唐古特語， 獅威

順次	滿洲語	漢　字	羅馬拼音	詞　義
72		圖卜台	tubtai	蒙古語，有正
73		巴克實特穆爾	baksi temur	蒙古語，師鐵
74		庫春特穆爾	kucun temur	蒙古語，力鐵
75		果勒	gool	蒙古語，河
76		和格濟爾	hojiger	蒙古語，頭禿
77		巴爾斯布哈	bars buha	蒙古語，虎牝牛
78		庫克沁克克	kukekcin	蒙古語，乙

順次	滿洲語	漢　字	羅馬拼音	詞　義
79		阿　總	a dzung	唐古特語，五城
80		布爾丹 罕	burhandan	蒙古語，有佛
81		赫嚕	heru	滿洲語，輻條
82		青沙津	cing šajin	蒙古語，教
83		年克 扎 策實 喇	niyan jak ts'e rasi	唐古特語，妙聲揚壽吉祥
84		佛遜	foson	滿洲語，日光
85		多爾濟 德沁	dorji decin	唐古特語，金剛大安

順次	滿洲語	漢　字	羅馬拼音	詞　義
86		雅達 布勒	yabudal	蒙古語，行
87		鼐喇古	nairagū	蒙古語，溫良
88		圖塔哈	tutaha	滿洲語，存
89		伊薩 埒巴	ile saba	蒙古語，明顯器皿
90		穆蘇 穆爾	mūsu mur	蒙古語，冰踪跡
91		阿爾 穆台	amurtai	蒙古語，有安
92		奇布 爾哈	kir buha	蒙古語，斑點牝牛
93		噶珠	gaju	滿洲語，使拿來

順次	滿洲語	漢　字	羅馬拼音	詞　義
94		沙克嘉	šakjiya	唐古特語，手印
95		布噶拉齊	bulagaci	蒙古語，捕貂鼠人
96		鄂蘭徹辰	olan cecen	蒙古語，眾多聰明
97		阿婁特穆爾	ar luo temur	蒙古語，花紋龍鐵
98		茂扎木	moo jam	蒙古語，不善路
99		卓特巴嘉勒燦	jotba jiyalts'an	唐古特語，斷截幢旛
100		鼎珠	dingju	

順次	滿洲語	漢　字	羅馬拼音	詞　義
101		呼圖克都哩	hūtuk duri	蒙古語，福形像
102		庫春貝	kucun bui	蒙古語，有力
103		布色圖	busetu	蒙古語，有帶
104		索約勒陶色哈黙	soyol hatao mese	蒙古語，化剛器械
105		摩琳	morin	滿洲語，馬
106		諾木達實	nom dasi	經吉祥

順次	滿洲語	漢字	羅馬拼音	詞義
107		庫本	kubun	滿洲語，棉
108		索諾木藏布	sonom dzangbu	唐古特語，福好
109		馬嘉努	magiyanu	
110		綽克台	coktai	蒙古語，有威
111		伊拉黙特藏布	isi lamet dzangbu	唐古特語，智慧無上好
112		哈喇諾海	hara nohai	蒙古語，黑犬
113		蘇克	suke	蒙古語，斧

順次	滿洲語	漢　字	羅馬拼音	詞　義
114		阿穆爾青托克	amur cing tok	蒙古語，安誠定
115		圖埒訥	tulene	蒙古語，燒
116		額布根巴圖爾	ebugen batur	蒙古語，老人勇
117		巴濟勒特	bal jit	唐古特語，威樂
118		果卓爾斡	g'orjowa	唐古特語，管街人
119		巴濟爾斯蘇	bars jisu	蒙古語，虎顏色
120		奇徹台	kicetai	蒙古語，有勤

順次	滿洲語	漢　字	羅馬拼音	詞　義
121		蘇　蘇	susu	蒙古語，膽
122		布　延	buyan	蒙古語，福
123		納　丹　珊　延	nadan šanyan	滿洲語，七白色
124		科爾羅	k'orlo	唐古特語，法輪
125		呼圖克台	hūtuktai	蒙古語，有福
126		哈扎爾　布　哈	hajar buha	蒙古語，轡牤牛
127		揚　珠　濟　達　台　吉	yangju jida taiji	蒙古語，儀表槍部長

順次	滿洲語	漢字	羅馬拼音	詞義
128		布木特穆爾	bum temur	億數鐵
129		實達爾	sidar	蒙古語，親隨
130		索諾木	sonom	唐古特語，福
131		塔坦	tatan	滿洲語，宿處
132		舒瑪爾節	šumar jiye	唐古特語，燈推廣
133		巴勒密實特	bal misit	唐古特語，威不壞
134		舒蘇	šusu	蒙古語，廩給
135		寧珠	ninju	滿洲語，六十
136		實塔勒克	siltak	蒙古語，推故

順次	滿洲語	漢 字	羅馬拼音	詞 義
137		噶達爾	gadar	蒙古語，衣面
138		伊嚕托克	iru tokto	蒙古語，尋常定
139		哈蘇台	hasutai	滿洲語，左手射箭
140		巴古	bagū	蒙古語，令下
141		阿古特穆爾	agū temur	蒙古語，寬闊鐵
142		齊哩克	cirik	蒙古語，兵
143		德沁	decin	唐古特語，大安
144		保賽音	boo sain	蒙古語，好鳥槍

順次	滿洲語	漢　字	羅馬拼音	詞　義
145		敦珠克	dunjuk	唐古特語，意六
146		珠扎干 達爾罕	jujagan dargan	蒙古語，厚免差役
147		濟蘭	jiran	蒙古語，六十
148		噶哈	gaha	滿洲語，烏鴉
149		薩題	sati	滿洲語，公熊
150		庫春 布哈喇 實	kucun buha sira	蒙古語，力牝牛 黃色
151		托多	todo	蒙古語，明白
152		旺舒卜	wangšub	唐古特語，權

順次	滿洲語	漢 字	羅馬拼音	詞 義
153		伊吉 勒齊	ilgici	蒙古語，去毛皮司事人
154		觀音努	guwainnu	
155		巴爾台	bartai	蒙古語，有虎
156		和托	hoto	蒙古語，大藥罐
157		綽班	coban	滿洲語，撬物千金
158		伊蘇 蘇爾	isu sur	蒙古語，九威
159		烏圖 爾罕	urtuhan	蒙古語，微長
160		羅本	lobun	唐古特語，師
161		準台	juntai	蒙古語，有東

順次	滿洲語	漢　字	羅馬拼音	詞　義
162		蘇勒蘇台	susultai	蒙古語，有敬
163		薩斯嘉	sasgiya	唐古特語，紅教
164		班珠爾	banjur	唐古特語，好際會
165		策喇實班巴爾藏布	ts'e rasi banbar dzangbu	唐古特語，壽吉祥奮勇好
166		特默格	temege	蒙古語，駝
167		呼圖克坦默色	hūtuktan mese	蒙古語，有福器械

順次	滿洲語	漢　字	羅馬拼音	詞　義
168		扎木巴勒 嘉勒燦	jambal jiyalts'an	唐古特語， 文殊幢旛
169		阿　爾 黙　色	ar mese	蒙古語， 花紋器械
170		浩　里 烏齊爾	haoli ucir	蒙古語， 例緣由
171		都爾嘉	durgiya	滿洲語， 亮星
172		塔卜台	tabtai	蒙古語， 順適
173		揚丹	yangdan	唐古特語， 聲音全
174		阿　爾 薩　巴	ar saba	蒙古語， 花紋器皿

順次	滿洲語	漢　字	羅馬拼音	詞　義
175		伊瑪 拉丹	ilamadan	蒙古語，有桑樹
176		布實 延喇	buyan sira	蒙古語，福黃色
177		和碩	hošoo	蒙古語，山崗盡處
178		納克楚	nak cu	唐古特語，黑色水
179		哈沙	haša	蒙古語，藩籬
180		圖薩 特穆爾	tusa temur	蒙古語，利益鐵
181		沃濟	weji	滿洲語，叢林
182		奈瑪岱	naimadai	蒙古語，有八

順次	滿洲語	漢　字	羅馬拼音	詞　義
183		布延圖	buyantu	蒙古語，有福
184		布延 呼喇勒	buyan hūral	蒙古語，福集聚
185		特古斯 布哈	tegus buha	蒙古語，雙牝牛
186		喇特納	ratna	梵語，寶
187		帕克必	pakbi	唐古特語，聖
188		達爾瑪勒 巴布 藏	darma bal dzangbu	法 威 好
189		衮噶勒 巴	gung'a bal	唐古特語，普喜威

順次	滿洲語	漢　字	羅馬拼音	詞　義
190		索諾木 嘉勒 藏布	sonom jiyal dzangbu	唐古特語， 福勝好
191		多爾濟 巴拉	dorji bala	金剛 守護
192		諤楞	ūlen	蒙古語， 雲
193		阿嚕威	aru oi	蒙古語， 山陰叢林
194		雅奇	yaki	滿洲語， 箭罩
195		伊爾 濟達	ir jida	蒙古語， 鋒刃槍
196		罕齊	hanci	滿洲語， 近

順次	滿洲語	漢　字	羅馬拼音	詞　義
197		索　珠	soju	
198		珠　展	jujan	蒙古語， 厚
199		濟雅干 布　哈	jiyagan buha	蒙古語， 命牝牛
200		扣布哈	keo buha	蒙古語， 扣子牝牛
201		呼實噶 溫都爾	hūsiga ūndur	蒙古語， 核桃高

順次	滿洲語	漢　字	羅馬拼音	詞　義
202		特黙實布楚卜 燦伊結姜扎卜	ts'anmet isi jiyebu jiyangcub jab	唐古特語， 無相 智慧 人等 菩提 保
203		黙古斯	megus	蒙古語， 寡少
204		諾海齊	nohaici	蒙古語， 養狗人
205		阿恰齊	aciyaci	蒙古語， 司行李人
206		阿繖卓和	asan hojo	回語， 安美

順次	滿洲語	漢　字	羅馬拼音	詞　義
207		噶實 家伊巴 絧喇 實燦 勒勒 嘉巴布 藏	gung'a isi ba giong rasi jiyalts'an bal dzangbu	唐古特語， 普喜 智慧 勇 護 吉祥 幢幡 威 好
208		阿薩爾 達爾罕	asar dargan	蒙古語， 閣免差役
209		索諾木 家布	sonom gumbu	唐古特語， 福德

順次	滿洲語	漢字	羅馬拼音	詞義
210		必克楚喇實	bikcu rasi	比邱吉祥
211		通通	tungtung	唐古特語，短
212		阿恰齊德濟	aciyaci deji	蒙古語，司行李人上分
213		哈爾滿	harman	蒙古語，撈

資料來源：《欽定四庫全書》，「史部」，《欽定元史語解》，卷十五。

　　表中所列人名，共計二一三人，蘇爾約蘇布哈，蒙古語讀如"sur yosu buha"，意即「威道理牝牛」，卷二十四作「小雲石不花」。托和齊巴圖爾，蒙古語讀如"togoci batur"，意即「司釜人勇」，卷二十四作「脫火赤拔都兒」。額爾吉，蒙古語讀如"ergi"，意即「河坎」，卷二十四作「也兒吉」。伊拉齊，滿洲語讀如"ilaci"，意即「第三」，卷二十四作「亦列赤」，卷一三一作「亦剌出」，卷一三五作「野里尤」。和塔拉都哩默色，蒙古語

讀如"hotala duri mese"，意即「普遍形像器械」，卷二十四作「忽都魯都兒迷失」。塔舒爾，蒙古語讀如"tašur"，意即「鞭」，卷二十四作「鐵昔里」。班迪達，梵語讀如"bandida"，意即「賢能」，卷二十四作「板的答」。伊實丹，唐古特語讀如"isi dan"，意即「智慧全」。巴喇瑪索和爾，蒙古語讀如"barama sohor"，意即「單弱瞽目」，卷二十四作「字里馬速忽」。額哩音特穆爾，蒙古語讀如"eriyen temur"，意即「花紋鐵」，卷二十四作「阿林鐵木兒」，卷三十作「阿憐帖木兒」，卷三十一作「阿林帖木兒」。達爾瑪吉爾迪，梵語讀如"darma girdi"，意即「法聲」，卷二十四作「塔剌馬的」。博碩，蒙古語讀如"bošo"，意即「伶便人」，卷二十四作「孛叔」，卷一一八作「伯奢」。達斡巴勒，唐古特語讀如"dawa bal"，意即「月威」，卷二十四作「刁斡八剌」。阿哩雅實哩，梵語讀如"ariya siri"，意即「聖威」，卷二十四作「阿禮嘉世禮」，卷三十作「阿兒加失里」，卷一〇八作「阿里加失立」，卷一〇九作「阿里嘉實利」，卷一一八作「阿里嘉室利」。

藏布班巴爾，唐古特語讀如"sangbu banbar"，意即「好奮勇」，卷二十四作「藏不班八」。吹喇實，唐古特語讀如"coi rasi"，意即「經吉祥」，卷二十四作「曲列失」。穆哩庫，滿洲語讀如"murikū"，意即「執拗人」，卷二十四作「木剌忽」。伊克鼐爾，蒙古語讀如"ike nair"，意即「大和氣」，卷二十四作「因忽乃」。納琳，蒙古語讀如"narin"，意即「細」，卷二十四作「納里」，卷三十九作「納麟」，卷一六三作「紐隣」。台納，蒙古語

讀如 "taina"，意即「祭祀」，卷二十四作「太那」。巴勒楚納克，唐古特語讀如 "bal cu nak"，意即「威水黑色」，卷二十四作「班出兀那」。哈薩，滿洲語讀如 "hasa"，意即「令急快」，卷二十四作「合撒」。奈瑪台，蒙古語讀如 "naimatai"，「奈瑪」即「奈曼」，「奈瑪台」，意即「有八」，卷二十四作「乃馬台」。阿哩雅，梵語讀如 "ariya"，意即「聖」，卷二十四作「也里牙」，卷三十二作「野理牙」。托斯和默色，蒙古語讀如 "tosho mese"，意即「莊屯器械」，卷二十四作「脫忽思海迷失」。蘇爾蘇達勒，蒙古語讀如 "sur sudal"，意即「威脈」，卷二十四作「速速迭兒」。阿爾穆蘇，蒙古語讀如 "ar mūsu"，意即「花紋冰」，卷二十四作「按麻思」。鄂博哈雅，蒙古語「鄂博」讀如 "obo"，意即「堆石以為祭處」，「哈雅」讀如 "haya"，意即「山墻」，卷二十四作「阿卜海牙」，卷三十二作「阿不海牙」。和卓，回語讀如 "hojo"，意即「美稱」，卷二十四作「火者」，卷二十六作「換住」，卷一一九作「合丑」，卷一五〇作「合住」。吹濟鄂特則爾，唐古特語讀如 "coiji otdzer"，意即「法光」，卷二十四作「撒思吉幹節兒」。伊爾齊布哈，蒙古語讀如 "irci buha"，意即「填滿牤牛」，卷二十四作「玉連赤不花」。

　　阿實克岱爾，蒙古語讀如 "asik dair"，意即「利牡鹿」，卷二十四作「阿失答兒」。庫春和塔拉默色，蒙古語讀如 "kucun hotala mese"，意即「刀普遍器械」，卷二十四作「寬徹忽答迷失」。布哈濟勒，蒙古語讀如 "buha jil"，意即「牤牛年」，卷二十四作「不花即列」。巴勒丹，唐古特語讀如 "baldan"，意即「威全」，卷二十四

作「班丹」。吹丹，唐古特語讀如 "coi dan"，意即「經全」，卷二十四作「春丹」。托歡達爾罕，蒙古語讀如 "tohon dargan"，意即「釜凡有勤勞免其差役」，卷二十四作「脫歡答剌罕」。巴勒托音，唐古特語「巴勒」讀如 "bal"，意即「威」，蒙古語「托音」讀如 "toin"，意即「僧」，卷二十四作「八剌脫困」。圖勒噶特穆爾，蒙古語讀如 "tulga temur"，意即「鍋撐鐵」，卷二十四作「禿魯花鐵木兒」，卷三十一作「禿兒哈帖木兒」。和拉蘇默，蒙古語讀如 "hola sume"，意即「遠廟」，卷二十四作「火羅思迷」，卷一二八作「忽魯速蠻」。薩斯嘉巴，唐古特語讀如 "sasgiya ba"，意即「紅教人」，卷二十四作「相兒加斯巴」。博迪穆爾，蒙古語讀如 "bodi mur"，意即「菩提路」，卷二十四作「不答滅里」。克里瑪鼎，蒙古語讀如 "kelimadin"，回人名，卷二十四作「可里馬丁」。阿嚕圖，蒙古語讀如 "arutu"，意即「有山陰」，卷二十五作「阿魯禿」，卷三十九作「阿魯圖」。諤斯伯，蒙古語讀如 "ūsbe"，意即「長成」，卷二十五作「月思別」。

　　扎吉尼，蒙古語讀如 "jagini"，意即「空行佛母」，卷二十五作「答即乃」。納古爾岱爾，蒙古語讀如 "nagūr dair"，意即「池牡鹿」，卷二十五作「納忽答兒」。袞噶諾爾布喇實嘉勒燦巴勒藏布，唐古特語讀如 "gung'a norbu rasi jiyalts'an bal dzangbu"，意即「普喜寶吉祥幢旛威好」，卷二十五作「公哥羅古羅思監藏班藏卜」。雅克哈雅，蒙古語讀如 "yak haya"，意即「結實山墻」，卷二十五作「燕海牙」。昂哈特穆爾，蒙古語讀如 "angha temur"，意即「起初鐵」，卷二十五作「按鐵木兒」。鄂

羅木烏遜，蒙古語讀如"olom usun"，意即「渡口水」，卷二十五作「斡羅溫孫」。桑烏遜，蒙古語讀如"sang usun"，意即「倉水」，卷二十五作「相元孫」，卷三十四作「桑兀孫」。托克托沁，蒙古語讀如"toktocin"，意即「定」，卷二十五作「脫脫真」。浩爾齊特穆爾布哈，蒙古語讀如"hoorci temur buha"，意即「吹口琴人鐵牤牛」，卷二十五作「忽兒赤鐵木兒不花」。和拉岱爾，蒙古語讀如"hola dair"，意即「遠牡鹿」，卷二十五作「忽魯答兒」。瑪魯，蒙古語讀如"malu"，意即「瓮」，卷二十五作「買閭」，卷二十七作「買驢」。瑪爾布裕木結，唐古特語讀如"marbu yum jiye"，意即「紅色母孳生」，卷二十五作「米普雲濟」。諤勒哲布哈，蒙古語讀如"ūljei buha"，意即「壽牤牛」，卷二十六作「完者不花」。達哈蘇，滿洲語讀如"dahasu"，意即「和順」，卷二十六作「答合孫」。奇哩巴，滿洲語讀如"kiriba"，意即「善忍耐人」，卷二十六作「舉林柏」。圖們特穆爾，蒙古語讀如"tumen temur"，意即「萬鐵」，卷二十六作「禿滿鐵木兒」。

　　阿勒坦綽克，蒙古語讀如"altan cok"，意即「金威」，卷二十六作「按攤出」，卷二十九作「按塔出」。扎蘭齊喇，滿洲語讀如"jalan cira"，意即「世嚴」，卷二十六作「者連怯耶兒」。實德哩，滿洲語讀如"sideri"，意即「馬絆」，卷二十六作「拾得閭」，卷二十九作「拾得驢」。超爾達爾罕，蒙古語讀如"coor dargan"，意即「笳凡有勤勞免其差役」，卷二十六作「醜驢答剌罕」，卷二十九作「丑驢答剌罕」。昂吉爾，蒙古語讀如"anggir"，

意即「黃野鴨」，卷二十六作「雍吉剌」，卷三十九作「阿吉剌」，卷九十八作「昂吉兒」。齊諾，蒙古語讀如"cino"，意即「狼」，卷二十六作「千奴」。諳達穆爾，蒙古語讀如"anda mur"，意即「夥伴踪跡」，卷二十六作「按塔木兒」，卷三十九作「按答木兒」。烏訥爾巴圖爾，蒙古語讀如"uner batur"，意即「誠勇」，卷二十六作「阿尼八都兒」。濟嚕海，蒙古語讀如"jiruhai"，意即「算法」，卷二十六作「只兒海」。僧格巴勒，唐古特語讀如"sengge bal"，意即「獅威」，卷二十六作「桑哥班」，卷一〇八作「桑哥八剌」。圖卜台，蒙古語讀如"tubtai"，意即「有正」，卷二十六作「脫不台」，卷三十二作「脫字台」，卷三十四作「脫別台」。巴克實特穆爾，蒙古語讀如"baksi temur"，意即「師鐵」，卷二十六作「別失帖木兒」。庫春特穆爾，蒙古語讀如"kucun temur"，意即「力鐵」，卷二十六作「曲春鐵木兒」。

　　果勒，蒙古語讀如"gool"，意即「河」，卷二十六作「狗兒」，卷四十一作「苟爾」，卷四十三作「苟兒」。和濟格爾，蒙古語讀如"hojiger"，意即「頭禿」，卷二十六作「換住哥」。巴爾斯布哈，蒙古語讀如"bars buha"，意即「虎牝牛」，卷二十六作「八兒思不花」，卷一三四作「八思不花」。庫克克沁，蒙古語讀如"kukekcin"，意即「甲乙之乙」，卷二十六作「闊慳堅」。阿總，唐古特語讀如"a dzung"，意即「五城」，卷二十六作「阿從」。布爾罕丹，蒙古語讀如"burhandan"，意即「有佛」，卷二十六作「不兒罕丁」。赫嚕，滿洲語讀如"heru"，意即「輻條」，卷二十六作「黑驢」，卷一六九作「曷

魯」。青沙津，蒙古語讀如 "cing šajin"，意即「誠教」，卷二十七作「乞失監」。年扎克策喇實，唐古特語讀如 "niyan jak ts'e rasi"，意即「妙聲揚壽吉祥」，卷二十七作「輦真吃剌思」，又作「輦真哈剌思」。佛遜，滿洲語讀如 "foson"，意即「日光」，卷二十七作「佛速」。多爾濟德沁，唐古特語讀如 "dorji decin"，意即「金剛大安」，卷二十七作「朶兒只的斤」。雅布達勒，蒙古語讀如 "yabudal"，意即「行」，卷二十七作「牙八的里」。鼐喇古，蒙古語讀如 "nairagū"，意即「溫良」，卷二十七作「乃剌忽」，卷一六五作「納剌忽」。圖塔哈，滿洲語讀如 "tutaha"，意即「存」，卷二十七作「脫忒哈」。伊埒薩巴，蒙古語讀如 "ile saba"，意即「明顯器皿」，卷二十七作「亦列失八」，卷一三〇作「野禮審班」，卷一七五作「也里失班」，卷二〇五作「也里審班」。

穆蘇穆爾，蒙古語讀如 "mūsu mur"，意即「冰踪跡」，卷二十七作「米薛迷」。阿穆爾台，蒙古語讀如 "amurtai"，意即「有安」，卷二十七作「阿木里台」，卷三十二作「阿馬剌台」。奇爾布哈，蒙古語讀如 "kir buha"，意即「班點牤牛」，卷二十七作「曲魯不花」，卷二十八作「曲呂不花」。噶珠，滿洲語讀如 "gaju"，意即「使拿來」，卷二十七作「告住」。沙克嘉，唐古特語讀如 "šakjiya"，意即「手印」，卷二十七作「沙加」，卷三十四作「失監」，卷一二四作「沙監」。布拉噶齊，蒙古語讀如 "bulagaci"，意即「捕貂鼠人」，卷二十七作「不剌兀赤」，卷一一九作「不老赤」。鄂蘭徹辰，蒙古語讀如 "olan cecen"，意即「眾多聰明」，卷二十七作「斡

魯思辰」。阿爾婁特穆爾，蒙古語讀如“ar luo temur”，意即「花紋龍鐵」，卷二十七作「月兒魯鐵木兒」。茂扎木，蒙古語讀如“moo jam”，意即「不善之路」，卷二十七作「馬扎蠻」。卓特巴嘉勒燦，唐古特語讀如“jotba jiyalts'an”，意即「斷截幢旛」，卷二十七作「醮八兒監藏」。鼎珠，讀如“dingju”，卷二十七作「定住」，無解義。呼圖克都哩，蒙古語讀如“hūtuk duri”，意即「福形像」，卷二十七作「忽都魯都兒」。庫春貝，蒙古語讀如“kucen bui”，意即「有力」，卷二十七作「闊徹伯」。布色圖，蒙古語讀如“busetu”，意即「有帶」，卷二十七作「白撒都」。索約勒哈陶默色，蒙古語讀如“soyol hatao mese”，意即「教化之化剛器械」，卷二十七作「鎖咬兒哈的迷失」。摩琳，滿洲語讀如“morin”，意即「馬」，卷二十七作「滅憐」。

諾木達實，「諾木」蒙古語讀如“nom”，意即「經」，「達實」唐古特語讀如“dasi”，意即「吉祥」，卷二十七作「喃答失」。庫本，滿洲語讀如“kubun”，意即「棉」，卷二十七作「闊別」。索諾木藏布，唐古特語讀如“sonom dzangbu”，意即「福好」，卷二十七作「唆南藏卜」，卷一〇八作「瑣南藏卜」。馬嘉努，讀如“magiyanu”，卷二十七作「馬家奴」，無解義。綽克台，蒙古語讀如“coktai”，意即「有威」，卷二十八作「徹兀台」。伊實拉默特藏布，唐古特語讀如“isi lamet dzangbu”，意即「智慧無上好」，卷二十八作「亦思剌蠻展普」。哈喇諾海，蒙古語讀如“hara nohai”，意即「黑犬」，卷二十八作「哈剌那海」。蘇克，蒙古語讀如

"suke"，意即「斧」，卷二十八作「速怯」，卷一二九作「速哥」，卷一五〇作「唆蛾」。阿穆爾青托克，蒙古語讀如"amur cing tok"，意即「安誠定」，卷二十八作「阿馬承童」。圖埒訥，蒙古語讀如"tulene"，意即「燒」，卷二十八作「脫列捏」。額布根巴圖爾，蒙古語讀如"ebugen batur"，意即「老人勇」，卷二十八作「也不干八禿兒」。巴勒濟特，唐古特語讀如"bal jit"，意即「威樂」，卷二十八作「班吉」。果爾卓斡，唐古特語讀如"g'orjowa"，意即「管街人」，卷二十八作「高主瓦」。巴爾斯濟蘇，蒙古語讀如"bars jisu"，意即「虎顏色」，卷二十八作「八思吉思」，又作「八恩吉思」，卷七十八作「八思吉斯」。

　　奇徹台，蒙古語讀如"kicetai"，意即「有勤」，卷二十八作「欽察台」。蘇蘇，蒙古語讀如"susu"，意即「膽」，卷二十八作「速速」。布延，蒙古語讀如"buyan"，意即「福」，卷二十八作「不顏」，卷一九五作「卜顏」，又作「普顏」。納丹珊延，滿洲語讀如"nadan šanyan"，意即「七白」，卷二十八作「喃答失言」。科爾羅，唐古特語讀如"k'orlo"，意即「法輪」，卷二十八作「闊兒魯」。呼圖克台，蒙古語讀如"hūtuktai"，意即「有福」，卷二十八作「忽禿台」，卷一二七作「忽都歹」，卷一五一作「忽都台」。哈扎爾布哈，蒙古語讀如"hajar buha"，意即「轡牡牛」，卷二十八作「哈撒兒不花」，卷一〇〇作「恰只不花」。楊珠濟達台吉，蒙古語讀如"yangju jida taiji"，意即「儀表槍部長」，卷二十八作「燕赤吉台太赤」。布木特穆爾，「布木」唐古特語讀如"bum"，意即「億數」，「特穆爾」

蒙古語讀如 "temur"，意即「鐵」，卷二十八作「卜鐵木兒」。實達爾，蒙古語讀如 "sidar"，意即「親隨」，卷二十八作「失禿兒」，卷四十作「世圖爾」。索諾木，唐古特語讀如 "sonom"，意即「福」，卷二十八作「鎖南」，卷三十二作「鎖乃」。塔坦，滿洲語讀如 "tatan"，意即「宿處」，卷二十九作「探忒」。舒瑪爾節，唐古特語讀如 "šumar jiye"，意即「燈推廣」，卷二十九作「旭邁傑」，卷一八二作「旭滅傑」。巴勒密實特，唐古特語讀如 "bal misit"，意即「威不壞」，卷二十九作「別烈迷失」。舒蘇，蒙古語讀如 "šusu"，意即「廩給」，卷二十九作「善僧」，卷四十二作「雪雪」，卷四十六作「山僧」，卷一九〇作「贍思」。

寧珠，滿洲語讀如 "ninju"，意即「六十」，卷二十九作「紐澤」。實勒塔克，蒙古語讀如 "siltak"，意即「推故」，卷二十九作「撒兒塔罕」。噶達爾，蒙古語讀如 "gadar"，意即「衣面」，卷二十九作「剛答里」。伊嚕托克托，蒙古語讀如 "iru tokto"，意即「尋常定」，卷二十九作「月魯禿禿」。哈蘇台，滿洲語讀如 "hasutai"，意即「左手射箭」，卷二十九作「哈速敦」。巴古，蒙古語讀如 "bagū"，意即「令下」，卷二十九作「拜忽」，卷九十五作「別苦」。阿古特穆爾，蒙古語讀如 "agū temur"，意即「寬闊鐵」，卷二十九作「阿忽鐵木兒」，卷一〇八作「阿渾帖木兒」。齊哩克，蒙古語讀如 "cirik"，意即「兵」，卷二十九作「徹里哈」，卷三十五作「怯列該」，卷四十三作「怯里」，卷一二一作「怯憐」。德沁，唐古特語讀如 "decin"，意即「大安」，卷二十九作「帖陳」。保賽

音，蒙古語讀如"boo sain"，意即「好鳥槍」，卷二十九作「不賽因」，卷三十五作「卜賽因」，卷一〇一作「普賽音」。敦珠克，唐古特語讀如"dunjuk"，意即「意六」，卷二十九作「道住」。珠扎干達爾罕，蒙古語讀如"jujagan dargan"，意即「厚凡有勤勞免其差役」，卷二十九作「真只海阿答罕」。濟蘭，蒙古語讀如"jiran"，意即「六十」，卷二十九作「即烈」。噶哈，滿洲語讀如"gaha"，意即「烏鴉」，卷二十九作「古哈」。薩題，滿洲語讀如"sati"，意即「公熊」，卷二十九作「撒梯」，卷三十一作「撒迪」，卷三十八作「撒的」。

庫春布哈實喇，蒙古語讀如"kucun buha sira"，意即「力牝牛黃色」，，卷二十九作「寬徹不花失剌」。托多，蒙古語讀如"todo"，意即「明白」，卷二十九作「朵朵」，卷一〇〇作「塔都」，卷一三三作「脫端」。旺舒卜，唐古特語讀如"wangšub"，意即「權」，卷二十九作「完沙班」。伊勒吉齊，蒙古語讀如"ilgici"，意即「去毛皮司事人」，卷二十九作「亦里吉赤」。觀音努，讀如"guwainnu"，卷二十九作「觀音奴」，因以佛號為名，但改字面。巴爾台，蒙古語讀如"bartai"，意即「有虎」，卷二十九作「八里台」，卷一一九作「拔台」。和托，蒙古語讀如"hoto"，意即「大藥罐」，卷二十九作「黃頭」。綽班，滿洲語讀如"coban"，意即「撬物之千金」，卷二十九作「出班」。伊蘇蘇爾，蒙古語讀如"isu sur"，意即「九威」，卷二十九作「也速速兒」。烏爾圖罕，蒙古語讀如"urtuhan"，意即「微長」，卷二十九作「斡耳朵罕」。羅本，唐古特語讀如"lobun"，意即「師」，卷二十九作

「魯賓」。準台，蒙古語讀如"juntai"，意即「有東」，卷二十九作「尢溫台」，卷三十二作「竹溫台」。蘇蘇勒台，蒙古語讀如"susultai"，意即「有敬」，卷二十九作「鎖思的」。薩斯嘉，唐古特語讀如"sasgiya"，意即「紅教」，卷二十九作「思吉思」，卷六十三作「撒思加」。班珠爾，唐古特語讀如"banjur"，意即「好際會」，卷二十九作「班尢兒」，卷一一三作「板築兒」。策喇實班巴爾藏布，唐古特語讀如"ts'e rasi banbar dzangbu"，意即「壽吉祥奮勇好」，卷二十九作「乞剌失思八班藏卜」。特默格，蒙古語讀如"temege"，意即「駝」，卷二十九作「帖木哥」，卷三十二作「鐵木哥」。

呼圖克坦默色，蒙古語讀如"hūtuktan mese"，意即「有福器械」，卷二十九作「忽塔梯迷失」。札木巴勒嘉勒燦，唐古特語讀如"jambal jiyalts'an"，意即「文殊幢旛」，卷二十九作「站八兒監藏」。阿爾默色，蒙古語讀如"ar mese"，意即「花紋器械」，卷二十九作「阿里迷失」。浩里烏齊爾，蒙古語讀如"haoli ucir"，意即「例緣由」，卷二十九作「火里兀察兒」。都爾嘉，滿洲語讀如"durgiya"，意即「亮星」，卷二十九作「都堅」。塔卜台，蒙古語讀如"tabtai"，意即「順適」，卷二十九作「塔不台」，卷四十六作「塔不歹」，卷八十一作「答不歹」。揚丹，唐古特語讀如"yangdan"，意即「聲音全」，卷二十九作「燕大」。阿爾薩巴，蒙古語讀如"ar saba"，意即「花紋器皿」，卷二十九作「阿失伯」。伊拉瑪丹，蒙古語讀如"ilamadan"，意即「有桑樹」，卷二十九作「亦剌馬丹」，卷一三四作「曳剌馬丹」。布延實喇，

蒙古語讀如 "buyan sira"，意即「福黃色」，卷二十九作
「普顏實立」。和碩，蒙古語讀如 "hošoo"，意即「山崗
盡處」，卷二十九作「火沙」，卷一四九作「胡沙」。納克
楚，唐古特語讀如 "nak cu"，意即「黑色水」，卷二十九
作「納哈出」，卷一一三作「納哈赤」。哈沙，蒙古語讀如
"haša"，意即「藩籬」，卷二十九作「寒食」，卷一四九
作「喊舍」，卷一八七作「罕失」。圖薩特穆爾，蒙古語讀
如 "tusa temur"，意即「利益鐵」，卷二十九作「禿思帖木
兒」。沃濟，滿洲語讀如 "weji"，意即「叢林」，卷二十
九作「斡即」。

　　奈瑪岱，蒙古語讀如 "naimadai"，意即「有八」，
卷二十九作「乃馬歹」，卷一一二作「乃馬觸」，卷一三
一作「乃麻歹」。布延圖，蒙古語讀如 "buyantu"，意即
「有福」，卷二十九作「普顏篤」。布延呼喇勒，蒙古語
讀如 "buyan hūral"，意即「福集聚」，卷二十九作「卜
顏忽里」。特古斯布哈，蒙古語讀如 "tegus buha"，意即
「雙牝牛」，卷三十作「帖古思不花」。喇特納，梵語讀如
"ratna"，意即「寶」，卷三十作「阿剌忒」。帕克必，唐
古特語讀如 "pakbi"，意即「聖」，卷三十作「法別」。
達爾瑪巴勒藏布，「達爾瑪」梵語讀如 "darma"，意即
「法」，「巴勒」唐古特語讀如 "bal"，意即「威」，
「藏布」唐古特語讀如 "dzangbu"，意即「好」，卷三十
作「答兒麻班藏卜」。衮噶巴勒，唐古特語讀如 "gung'a
bal"，意即「普喜威」，卷三十作「公哥班」。索諾木嘉
勒藏布，唐古特語讀如 "sonom jiyal dzangbu"，意即「福
勝好」，卷三十作「唆南監藏卜」。多爾濟巴拉，「多

爾濟」，唐古特語讀如 "dorji"，意即「金剛」，「巴拉」梵語讀如 "bala"，意即「守護」，卷三十作「朶兒只本剌」。諤楞，蒙古語讀如 "ūlen"，意即「雲」，卷三十作「月也倫」。阿嚕威，蒙古語讀如 "aru oi"，意即「山陰叢林」，卷三十作「阿魯威」，卷四十一作「阿魯溫」。雅奇，滿洲語讀如 "yaki"，意即「箭罩」，卷三十作「燕赤」。伊爾濟達，蒙古語讀如 "ir jida"，意即「鋒刃槍」，卷三十作「亦兒吉觲」。罕齊，滿洲語讀如 "hanci"，意即「近」，卷三十作「懽赤」，又作「歡赤」。索珠，讀如 "soju"，卷三十作「唆住」，卷三十三作「鎖住」，無解義。

珠展，蒙古語讀如 "jujan"，意即「厚」，卷三十作「盞盞」，卷四十五作「竹貞」。濟雅干布哈，蒙古語「濟雅干」讀如 "jiyagan"，意即「天命之命」，「布哈」讀如 "buha"，意即「牤牛」，卷三十作「只干不花」。扣布哈，蒙古語讀如 "keo buha"，意即「扣子牤牛」，卷三十作「闊不花」。呼實噶溫都爾，蒙古語讀如 "hūsiga ūndur"，意即「核桃高」，卷三十作「火沙河榮答里」。燦默特伊實結布姜楚卜扎卜，唐古特語讀如 "ts'anmet isi jiyebu jiyangcub jab"，意即「無相智慧人等菩提保」，卷三十作「參馬亦思吉思卜長出亦思宅卜」。默古斯，蒙古語讀如 "megus"，意即「寡少」，卷三十作「馬忽思」。諾海齊，蒙古語讀如 "nohaici"，意即「養狗人」，卷三十作「那海赤」，卷一三五作「那海產」。阿恰齊，蒙古語讀如 "aciyaci"，意即「司行李人」，卷三十作「阿察赤」。阿繖和卓，回語讀如 "asan hojo"，意即「安美」，卷三十

作「阿散火者」。袞噶伊實巴絅喇實嘉勒燦巴勒藏，唐古特語讀如 "gung'a isi ba giong rasi jiyalts'an bal dzangbu"，意即「普喜智慧勇護吉祥幢旛威好」，卷三十作「公哥列思巴冲納思監藏班藏卜」。阿薩爾達爾罕，蒙古語讀如 "asar dargan"，意即「閣免差役」，卷三十作「阿昔兒答剌罕」。索諾木袞布，唐古特語讀如 "sonom gumbu"，意即「福德」，卷三十作「鎖南管卜」。必克楚喇實，「必克楚」梵語讀如 "bikcu"，意即「比邱」，「喇實」唐古特語讀如 "rasi"，意即「吉祥」，卷三十作「別乞烈失」。通通，唐古特語讀如 "tungtung"，意即「短」，卷三十作「童童」。阿恰齊德濟，蒙古語讀如 "aciyaci deji"，意即「司行李人上分」，卷三十作「阿察赤的斤」。哈爾滿，蒙古語讀如 "harman"，意即「撈」，卷三十作「哈爾蠻」。

　　表中人名，多以吉祥詞彙命名，除蒙古語詞外，還含有滿洲語、唐古特語、梵語、回語等語詞。蒙古語博迪穆爾（bodi mur），意即「菩提路」。扎吉尼（jagini），意即「空行佛母」。布爾罕丹（burhandan），意即「有佛」。鼐喇古（nairagū），意即「溫良」。阿穆爾台（amurtai），意即「有安」。呼圖克（hūtuk），意即「福」。布延（buyan），意即「福」。托多（todo），意即「明白」。觀音努（guwainnu），以佛號為名。蘇蘇勒台（susultai），意即「有敬」。呼圖克坦（hūtuktan），意即「有福」。布延圖（huyantu），意即「有福」。

　　滿洲語達哈蘇（dahasu），意即「和順」。奇哩巴（kiriba），意即「善忍耐人」。佛遜（foson），意即「日光」。都爾嘉（durgiya），意即「亮星」。

　　梵語班迪達（bandida），意即「賢能」。達爾瑪（darma），意即「法」。阿哩雅（ariya），意即「聖」。喇特納（ratna），意即「寶」。巴拉（bala），意即「守護」。必克楚（bikcu），意即「比邱」。回語阿繖（asan），意即「安」，和卓（hojo），意即「美稱」。

　　唐古特語喇實（rasi），意即「吉祥」。吹（coi），意即「經」。伊實（isi），意即「智慧」。吹濟鄂特則爾（coiji otdzer），意即「法光」。托音（toin），意即「僧」。衮噶（gung'a），意即「普喜」。諾爾布（norbu），意即「寶」。藏布（dzangbu），意即「好」。僧格（sengge），意即「獅」。策（ts'e），意即「壽」。多爾濟（dorji），意即「金剛」。德沁（decin），意即「大安」。達實（dasi），意即「吉祥」。索諾木（sonom），意即「福」。科爾羅（k'orlo），意即「法輪」。班珠爾（banjur），意即「好際會」。扎木巴勒嘉勒燦（jambal jiyalts'an），意即「文殊幢旛」。帕克必（pakbi），意即「聖」。姜楚卜（jiyangcub），意即「菩提」。以佛號為名，都是吉祥語詞。

　　元史語解中的人名，以牝牛、鐵為名，更為普遍。蘇爾約蘇布哈（sur yosu buha），意即「威道理牝牛」。伊爾齊布哈（irci buha），意即「填滿牝牛」。布哈濟勒（buha jil），意即「牝牛年」。諤勒哲布哈（ūljei buha），意即「壽牝牛」。巴爾斯布哈（bars buha），意即「虎牝牛」。奇爾布哈（kir buha），意即「斑點牝牛」。哈扎爾布哈（hajar buha），意即「彎牝牛」。庫春布哈實喇（kucun buha sira），意即「力牝牛黃色」。特古斯布哈（tegus buha），意即「雙牤牛」。濟雅干布哈（jiyagan buha），意即「天命之命牤牛」。扣布哈（keo buha），意即「扣子牤牛」。

　　額哩音特穆爾（eriyen temur），意即「花紋鐵」。圖勒噶特穆爾（tulga temur），意即「鍋撐鐵」。昂哈特穆爾（angha temur），意即「起初鐵」。圖們特穆爾（tumen temur），意即「萬鐵」。巴克實特穆爾（baksi temur），意即「師鐵」。庫春特穆爾（kucun temur），意即「力鐵」。阿爾婁特穆爾（ar luo temur），意即「花紋龍鐵」。布木特穆爾（bum temur），意即「億鐵」。阿古特穆爾（agū temur），意即「寬闊鐵」。圖薩特穆爾（tusa temur），意即「利益鐵」。浩爾齊特穆爾布哈（hoorci temur buha），意即「吹口琴人鐵牤牛」。以牤牛、鐵為名，反映牤牛、鐵在當時社會上扮演了重要角色。

欽定元史語解卷十六

人名

額諸

德珠　卷三十作德住因無解義但改字面

伊克埒塔卜台　伊額勒塔補塔衣　珂勒阿補阿衣　甚順適也卷三十作亦怯列台卜答

欽定四庫全書　　欽定元史語解　卷十六

阿昂墼鶲阿鴎　沙伊阿鴎

尚嘉努　卷三十一作尚家奴因無解義但改字面

一

十六、《欽定元史語解》人名（八）

《欽定元史語解·人名》滿漢對照表

順次	滿洲語	漢　字	羅馬拼音	詞　義
1		德　珠	deju	
2		伊克塔卜台	ikele tabtai	蒙古語，甚順適
3		尚嘉努	šanggiyanu	
4		賽罕巴圖爾	saihan batur	蒙古語，好勇
5		阿斯罕	ashan	滿洲語，副
6		察克台	caktai	蒙古語，有時

順次	滿洲語	漢 字	羅馬拼音	詞 義
7		騰吉斯	tenggis	蒙古語，湖
8		布哈特穆爾	buha temur	蒙古語，牡牛鐵
9		伊爾特穆爾	ir temur	蒙古語，刃鐵
10		實喇卜	sirab	唐古特語，聰明
11		巴濟拉	bajila	滿洲語，彼岸
12		賽音特穆爾	sain temur	蒙古語，好鐵
13		巴特嘉勒	bat jiyal	唐古特語，蓮花勝

順次	滿洲語	漢　字	羅馬拼音	詞　義
14		塔奇濟	takiji	蒙古語，祭祀
15		瑪們	mamun	回語，循理
16		羅壘	loloi	唐古特語，智慧
17		伊蘇昂吉	isu anggi	蒙古語，九隊伍
18		達賚布哈	dalai buha	蒙古語，海牝牛
19		圖卜巴爾	tub bar	蒙古語，正虎
20		巴勒丹伊實	baldan isi	唐古特語，威全智慧
21		額布勒	ebul	蒙古語，冬

順次	滿洲語	漢　字	羅馬拼音	詞　義
22		額 森 努 爾	esen nur	蒙古語， 平安面
23		們 都	mendu	蒙古語， 問好之好
24		噶 海	gahai	蒙古語， 猪
25		永 和 爾 台	yonghortai	蒙古語， 有絨
26		明 克 垺 棟 阿	ming lek dung na	唐古特語， 名好 碑碟 五
27		鄂 多 瑪 勤	odomal	蒙古語， 去
28		薩 里 布 哈	sali buha	蒙古語， 地弩牤牛

順次	滿洲語	漢字	羅馬拼音	詞　義
29		雅克布哈	yak buha	蒙古語，結實牡牛
30		布色	buse	蒙古語，帶
31		滿濟勒噶台	manjigatai	蒙古語，有瓔珞
32		特黙齊	temeci	蒙古語，牧駝人
33		喇嘛凱巴	lama k'aiba	番僧賢
34		噶海齊	gahaici	蒙古語，養猪人
35		哈哈勒台	halhatai	蒙古語，有籬牌
36		布琳圖	burintu	蒙古語，有全

順次	滿洲語	漢　字	羅馬拼音	詞　義
37		敖　拉	aola	蒙古語，山
38		庫庫台	kukutai	蒙古語，有青色
39		伊　實 通　斡	isi tungwa	唐古特語，見智
40		阿爾斯蘭 哈　雅	arslan haya	蒙古語，獅山墻
41		呼　圖克 和　卓	hūtuk hojo	福美
42		阿　爾 布　古	ar bugu	蒙古語，花紋鹿
43		雅　克 布　琳	yak burin	蒙古語，結實全

順次	滿洲語	漢字	羅馬拼音	詞義
44		蘇爾塔琿	surtahūn	蒙古語，教
45		萬嘉律	wangiyalioi	
46		哈喇巴圖爾	hara batur	蒙古語，黑色勇
47		多羅台	dolotai	蒙古語，有七
48		阿爾哈特實哩	arh'at siri	梵語，羅漢威
49		索諾木巴勒	sonom bal	唐古特語，福威
50		阿齊拉	acila	蒙古語，孝

順次	滿洲語	漢　字	羅馬拼音	詞　義
51		圖烈特穆爾	tuliye temur	蒙古語，燒柴鐵
52		多丕勒	do pil	唐古特語，經敷衍
53		敏珠爾巴	minjur ba	唐古特語，無違人
54		錦濟勒	ginjil	唐古特語，送布施
55		伊蘇展	isu jan	蒙古語，九象
56		阿勒呼木特穆爾	alhūm temur	蒙古語，一步鐵

順次	滿洲語	漢　字	羅馬拼音	詞　義
57		布　延 特古斯	buyan tegus	蒙古語， 福雙
58		薩喇勒	saral	蒙古語， 貉皮馬
59		達　朗 達　賚	dalang dalai	蒙古語， 河堤海
60		拉　拉	lala	滿洲語， 末
61		珠　通	jutung	
62		布哈台	buhatai	蒙古語， 有牝牛
63		特節齊	tejiyeci	蒙古語， 善養身人
64		屯嘉琿	tun giyahūn	滿洲語， 水中島鷹

順次	滿洲語	漢　字	羅馬拼音	詞　義
65		托爾楚	torcu	蒙古語，絆住
66		呼圖克台 黙　色	hūtuktai mese	蒙古語，有福器械
67		諾摩罕	nomohan	蒙古語，樸實
68		約羅	yolo	蒙古語，狗頭鵰
69		呼魯 古低	hūlugūdai	蒙古語，有耳穢
70		必克楚	bikcu	梵語，比邱
71		達實 布哈	dasi buha	吉祥牤牛

順次	滿洲語	漢　字	羅馬拼音	詞　義
72		圖布　沁哈	tucin buha	唐古特語， 大力 蒙古語， 牝牛
73		都稜 特穆爾	during temur	蒙古語， 滿鐵
74		布達戩 斯	buda sjiyan	佛眼
75		哈喇 戩爾	hara dair	蒙古語， 黑色牝鹿
76		丹巴	damba	唐古特語， 教
77		德濟	deji	蒙古語， 上分

順次	滿洲語	漢　字	羅馬拼音	詞　義
78		伯勒齊爾布哈	belcir buha	蒙古語，牧場牝牛
79		雅爾鼐實哩	yarnai siri	唐古特語，夏居 梵語，威
80		賽音蘇約	sain yosu	蒙古語，好道理
81		瓊布	kiongbu	唐古特語，小
82		嘉勒燦勒巴藏布	jiyalts'an bal dzangbu	唐古特語，幢旛威美好
83		喀巴	kaba	滿洲語，並蒂

順次	滿洲語	漢　字	羅馬拼音	詞　義
84		巴徹 圖爾	batu cer	蒙古語，結實潔淨
85		摩濟	moji	蒙古語，省
86		特古斯	tegus	蒙古語，雙
87		嘉勒斡 藏布	jiyalwa dzangbu	唐古特語，勝美好
88		道拉實	doolasi	蒙古語，歌唱人
89		吹斯戩	coi sjiyan	唐古特語，法眼
90		蘇爾 約蘇	sur yosu	蒙古語，威道理
91		邁格	maige	

順次	滿洲語	漢　字	羅馬拼音	詞　義
92		伊蘇台	isutai	蒙古語，有九
93		阿達里	adali	蒙古語，同
94		額爾勤 額布根	erkin ebugen	蒙古語，尊貴老人
95		温都遜 特穆爾	undusun temur	蒙古語，根鐵
96		呼圖 凌阿	hūturingga	滿洲語，有福人
97		圖德勒	tudel	蒙古語，留

順次	滿洲語	漢　字	羅馬拼音	詞　義
98		呼爾敦 實克	hūrdun sik	蒙古語， 略便捷
99		達喇齊	daraci	蒙古語， 司酒人
100		薩里	sali	蒙古語， 地弩
101		托噶	toga	蒙古語， 數目
102		諾海齊	nohaici	蒙古語， 司狗人
103		揚珠 特穆爾	yangju temur	蒙古語， 儀表 鐵
104		青 格斯齊	cing gesci	蒙古語， 誠感化
105		敖罕	aohan	蒙古語， 微寬

順次	滿洲語	漢　字	羅馬拼音	詞　義
106		瑪勒	mal	蒙古語，牲畜
107		烏訥實宻遜	unesi misun	滿洲語，傳家舊物醬
108		巴雅斯	bayas	蒙古語，喜
109		瑪展	majan	滿洲語，長披箭
110		都稜呼圖克	dureng hūtuk	蒙古語，滿福
111		阿拉克實喇	alak sira	蒙古語，花斑黃色
112		阿克實坦	asiktan	蒙古語，有利

順次	滿洲語	漢 字	羅馬拼音	詞 義
113		哈 喇 特穆爾	hara temur	蒙古語， 黑鐵
114		呼達沙	hūdaša	滿洲語， 貿易
115		珠爾噶	jurga	蒙古語， 六
116		阿勒達 爾 台	aldartai	蒙古語， 有名譽
117		布 延 特穆爾	buyan temur	蒙古語， 福鐵
118		薩爾斡	sarwa	梵語， 一切
119		聶 呼	niyere	滿洲語， 單弱
120		巴 爾 圖 色 黙	bartu mese	蒙古語， 有虎器械

順次	滿洲語	漢　字	羅馬拼音	詞　義
121		克呼木台	keremtai	蒙古語，有墙
122		沙　格	šage	
123		沙　津 阿固齊 喇特納 實　哩	šajin agūci ratna siri	蒙古語，教寬闊 梵語，寶威
124		巴哩納	barina	蒙古語，執
125		諤尼德 巴迪爾 班第	ūnide badir bandi	蒙古語，長鉢 唐古特語，小僧

順次	滿洲語	漢　字	羅馬拼音	詞　義
126		孟圖黙 古嚕色	munggu turu mese	蒙古語，銀頭目器械
127		呼穆蘇	hūmusu	蒙古語，指甲
128		博勒巴	bolba	蒙古語，熟
129		沁達噶	cindaga	蒙古語，天馬
130		衮巴 布勒	gumbu bal	唐古特語，德威
131		布塔 延納	buyan tana	蒙古語，福東珠
132		策 巴	ts'eba	唐古特語，壽

順次	滿洲語	漢字	羅馬拼音	詞義
133		伊實 巴勒	isi bal	唐古特語，智慧威
134		阿爾斯蘭 密珪	arslan migūi	蒙古語，獅貓
135		呼圖克 德濟	hūtuk deji	蒙古語，福上分
136		托克托 濟延	tokto jiyan	蒙古語，定命
137		珠爾噶 岱爾	jurga dair	蒙古語，六牡鹿
138		楚斯節	cusjiye	唐古特語，自水生

順次	滿洲語	漢　字	羅馬拼音	詞　義
139		伊　特 甘　布	it g'ambu	唐古特語， 心老
140		托　琳 和　塔拉	torin hotala	蒙古語， 週圍普遍
141		博爾濟特 吉	borjigit	蒙古語， 元姓氏
142		實　喇 布　哈	sira buha	蒙古語， 黃牝牛
143		額　芬	efen	滿洲語， 餑餑
144		必里克圖 庫圖齊	biliktu kutuci	蒙古語， 有志 跟役
145		覺特班	giyotban	唐古特語， 頭上莊儼

順次	滿洲語	漢　字	羅馬拼音	詞　義
146		鴻和爾 布　哈	honghor buha	蒙古語，黃馬牤牛
147		哈努勒 布　哈	hanul buha	蒙古語，足牤牛
148		和濟格爾 布　哈	hojiger buha	蒙古語，頭禿牤牛
149		布　延 呼圖克	buyan hūtuk	蒙古語，福
150		阿　爾 徹伯爾	ar ceber	蒙古語，花紋潔淨
151		達　哈	daha	索倫語，近

順次	滿洲語	漢字	羅馬拼音	詞　義
152		圖沁 多克 阿克	tucin do ak	唐古特語， 大力 經咒
153		必里克圖	biliktu	蒙古語， 有志
154		羅矩	lo gioi	唐古特語， 十年
155		錫林	silin	滿洲語， 精銳
156		布斯必 均凌	busbi giyūnring	梵語， 花 唐古特語， 永遠
157		徹辰	cecen	蒙古語， 聰明
158		凌布	ringbu	唐古特語， 長
159		哈智怯 瑪鼎	hajykiyemadin	蒙古語， 回人名

順次	滿洲語	漢　字	羅馬拼音	詞　義
160		特哈 屯哈	tetun haha	滿洲語，器男子
161		呼噶 塔齊	hūtagaci	蒙古語，佩小刀人
162		蘇 爾克 蘇 爾台 穆	sur suke murtai	蒙古語，威斧 有踪跡
163		庫 爾蘇 濟	kur jisu	蒙古語，熱鬧顏色
164		哈 喇達克 烏 里	hara udalik	蒙古語，黑色 重聽
165		哈噶濟	hagaji	蒙古語，瘡痂

順次	滿洲語	漢　字	羅馬拼音	詞　義
166		達爾罕 達達哩	dargan dari	蒙古語， 免差役 火藥
167		納喇 尼都	nara nidu	蒙古語， 日眼
168		鐵珠	tiyeju	
169		奇爾薩	kirsa	蒙古語， 沙狐
170		圖嚕色 默色	turu mese	蒙古語， 頭目器械
171		巴延 布哈	bayan buha	蒙古語， 富牝牛
172		額格伯	egebe	蒙古語， 已退
173		伊勒 噶克齊	ilgakci	蒙古語， 辦事人

順次	滿洲語	漢　字	羅馬拼音	詞　義
174		達　哩	dari	蒙古語，火藥
175		伊　蘇　格　爾	isu ger	蒙古語，九房屋
176		薩　奇	saki	蒙古語，看守
177		布　敦　實　喇　布　哈	budun sira buha	蒙古語，粗黃色牡牛
178		實　喇　德　格	sira dege	蒙古語，黃色鈎
179		呼　喇	hūra	蒙古語，雨
180		羅　壘　丹	loloi dan	唐古特語，智慧全

順次	滿洲語	漢　字	羅馬拼音	詞　義
181		庫格 春爾	kucun ger	唐古特語，力房屋
182		濟布 延哈	jiyan buha	蒙古語，命牝牛
183		納木 喀格 僧	namk'a sengge	唐古特語，天獅
184		噶扎爾	gajar	蒙古語，地
185		圖默 嚕色雅 哈	turu mese haya	蒙古語，頭目器械山墻
186		奇里	kili	蒙古語，界
187		僧格 巴拉	sengge bala	獅守護

順次	滿洲語	漢　字	羅馬拼音	詞　義
188		英　格	ingge	蒙古語，母駝
189		桑嘉依喇嘛	sangjiyai lama	唐古特語，佛番僧
190		佛嘉律	fogiyalioi	
191		阿木察	amca	滿洲語，趕
192		吉達布	gidabu	滿洲語，使壓

資料來源：《欽定四庫全書》，「史部」，《欽定元史語解》，
　　　　　卷十六。

　　表中人名，共計一九二人。德珠，蒙古語讀如
"deju"，無解義。伊克埒塔卜台，蒙古語讀如"ikele
tabtai"，意即「甚順適」，卷三十作「亦怯列台卜答」。
尚嘉努，蒙古語讀如"sanggiyanu"，卷三十一作「尚家
奴」，無解義。賽罕巴圖爾，蒙古語讀如"saihan batur"，
意即「好勇」，卷三十一作「賽罕八都魯」。阿斯罕，滿洲
語讀如"ashan"，意即「副」，卷三十一作「阿思罕」，
卷一一〇作「阿撒罕」。察克台，蒙古語讀如"caktai"，

意即「有時」，卷三十一作「察阿台」。騰吉斯，蒙古語讀如"tenggis"，意即「湖」，卷三十一作「唐其勢」。布哈特穆爾，蒙古語讀如"buha temur"，意即「牡牛鐵」，卷三十一作「不花帖木兒」，卷四十五作「普花帖木兒」。伊爾特穆爾，蒙古語讀如"ir temur"，意即「刃鐵」，卷三十一作「躍里帖木兒」。實喇卜，唐古特語讀如"sirab"，意即「聰明」，卷三十一作「沙刺班」，卷一〇〇作「撒刺八」。巴濟拉，滿洲語讀如"bajila"，意即「彼岸」，卷三十一作「八即刺」。賽音特穆爾，蒙古語讀如"sain temur"，意即「好鐵」，卷三十一作「賽帖木兒」。巴特喜勒，唐古特語讀如"bat jiyal"，意即「蓮花勝」，卷三十一作「奔帖傑兒」。塔奇濟，蒙古語讀如"takiji"，意即「祭祀」，卷三十一作「塔即吉」。

　　瑪們，回語讀如"mamun"，意即「循理」，卷三十一作「馬謀」，卷一〇〇作「買買」，又作「馬某」。羅壘，唐古特語讀如"loloi"，意即「智慧」，卷三十一作「羅里」。伊蘇昂吉，蒙古語讀如"isu anggi"，意即「九隊伍」，卷三十一作「也速斡即」。達賚布哈，蒙古語讀如"dalai buha"，意即「海牡牛」，卷三十一作「答來不花」。圖卜巴爾，蒙古語讀如"tub bar"，意即「正虎」，卷三十一作「脫必兒」。巴勒丹伊實，唐古特語讀如"baldan isi"，意即「威全智慧」，卷三十一作「把的于思」。額布勒，蒙古語讀如"ebul"，意即「冬」，卷三十一作「也不倫」，卷一〇〇作「按不憐」。額森努爾，蒙古語讀如"esen nur"，意即「平安面」，卷三十二作「也先捏」。們都，蒙古語讀如"mendu"，意即「問好之好」，

卷三十二作「滿禿」。噶海，蒙古語讀如"gahai"，意即「猪」，卷三十二作「哈海」。永和爾台，蒙古語讀如"yonghortai"，意即「有絨」，卷三十二作「雍古台」。明埒克棟阿，唐古特語讀如"ming lek dung a"，意即「名好碑碟五」，卷三十二作「明里董阿」。鄂多瑪勒，蒙古語讀如"odomal"，意即「去」，卷三十二作「斡都蠻」，卷一二三作「阿都蠻」，卷一三八作「斡禿蠻」。薩里布哈，蒙古語讀如"sali buha"，意即「地弩牝牛」，卷三十二作「撒里不花」。雅克布哈，蒙古語讀如"yak buha"，意即「結實牝牛」，卷三十二作「燕不花」，卷三十五作「押不花」，卷四十作「牙不花」，卷四十二作「雅普化」，卷一八三作「雅不花」。布色，蒙古語讀如"buse"，意即「帶」，卷三十二作「別薛」，卷一四九作「坡沙」，又作「伯撒」。

　　滿濟勒噶台，蒙古語讀如"manjilgatai"，意即「有瓔珞」，卷三十二作「馬扎兒台」。特默齊，蒙古語讀如"temeci"，意即「牧駝人」，卷三十二作「探馬赤」，又作「脫木赤」，卷一二二作「鐵邁赤」。喇嘛凱巴，蒙古語「喇嘛」意即「番僧」，唐古特語「凱巴」意即「賢」，卷三十二作「剌馬黑巴」。噶海齊，蒙古語讀如"gahaici"，意即「養猪人」，卷三十二作「哈海赤」。哈勒哈台，蒙古語讀如"halhatai"，意即「有籐牌」，卷三十二作「哈哈的」。布琳圖，蒙古語讀如"burintu"，意即「有全」，卷三十二作「不倫禿」。敖拉，蒙古語讀如"aola"，意即「山」，卷三十二作「阿兀剌」。庫庫台，蒙古語讀如"kukutai"，意即「有青色」，卷三十二作「闊闊台」。

伊實通幹，唐古特語讀如"isi tungwa"，意即「見智」，卷三十二作「易釋董阿」。阿爾斯蘭哈雅，蒙古語讀如"arslan haya"，意即「獅山墻」，卷三十二作「阿兒思蘭海牙」。呼圖克和卓，蒙古語「呼圖克」讀如"hūtuk"，意即「福」，回語「和卓」意即「美稱」，卷三十二作「忽都火者」。阿爾布古，蒙古語讀如"ar bugū"，意即「花紋鹿」，卷三十二作「阿兒八忽」。雅克布琳，蒙古語讀如"yak burin"，意即「結實全」，卷三十二作「燕不鄰」。蘇爾塔琿，蒙古語讀如"surtahūn"，意即「教」，卷三十二作「撒兒討溫」，卷四十五作「撒兒答溫」。萬嘉律，讀如"wangiyalioi"，卷三十二作「萬家閭」，無解義。哈喇巴圖爾，蒙古語讀如"hara batur"，意即「黑色勇」，卷三十二作「哈剌八都兒」，卷四十五作「哈剌八禿兒」，卷五十九作「哈剌八都魯」。

多羅台，蒙古語讀如"dolotai"，意即「有七數」，卷三十二作「朵羅台」。阿爾哈特實哩，梵語讀如"arh'at siri"，意即「羅漢威」，卷三十二作「阿兒哈失里」。索諾木巴勒，唐古特語讀如"sonom bal"，意即「福威」，卷三十二作「鎖南八」，卷四十一作「鎖南班」，卷一三三作「唆南班」。阿齊拉，蒙古語讀如"acila"，意即「孝」，卷三十二作「阿乞剌」。圖烈特穆爾，蒙古語讀如"tuliye temur"，意即「燒柴鐵」，卷三十二作「朵列帖木兒」。多丕勒，唐古特語讀如"do pil"，意即「經敷衍」，卷三十二作「朵必兒」。敏珠爾巴，唐古特語讀如"minjur ba"，意即「無違人」，卷三十二作「買住保」。錦濟勒，唐古特語讀如"ginjil"，意即「送布施」，卷三十二作「謹

只兒」。伊蘇展，蒙古語讀如 "isu jan"，意即「九象」，卷三十二作「也孫真」。阿勒呼木特穆爾，蒙古語讀如 "alhūm temur"，意即「一步鐵」，卷三十二作「阿魯灰帖木兒」，卷三十八作「阿魯輝帖木兒」。布延特古斯，蒙古語讀如 "buyan tegus"，意即「福雙」，卷三十二作「不顏禿古思」。薩喇勒，蒙古語讀如「貂皮馬」，卷三十二作「撒剌兒」。達朗達賚，蒙古語讀如 "dalang dalai"，意即「河堤海」，卷三十三作「答隣答里」。拉拉，滿洲語讀如 "lala"，意即「末」，卷三十三作「剌剌」。珠通，讀如 "jutung"，卷三十三作「住童」，無解義。

布哈台，蒙古語讀如 "buhatai"，意即「有牝牛」，卷三十三作「不花台」。特節齊，蒙古語讀如 "tejiyeci"，意即「善養身人」，卷三十三作「鐵住訖」。屯嘉琿，滿洲語讀如 "tun giyahūn"，意即「水中島鷹」，卷三十三作「禿教化」。托爾楚，蒙古語讀如 "torcu"，意即「絆住」，卷三十三作「脫出」，卷一三一作「脫朮」。呼圖克台默色，蒙古語讀如 "hūtuktai mese"，意即「有福器械」，卷三十三作「忽答的迷失」，又作「忽塔忒迷失」。諾摩罕，蒙古語讀如 "nomohan"，意即「樸實」，卷三十三作「那海罕」。約羅，蒙古語讀如 "yolo"，意即「狗頭鵰」，卷三十三作「咬驢」，卷一三三作「元盧」。呼魯古岱，蒙古語讀如 "hūlugūdai"，意即「有耳穢」，卷三十三作「忽兒忽答」。必克楚，梵語讀如 "bikcu"，意即「比邱」，卷三十三作「孛別出」。達實布哈，唐古特語「達實」讀如 "dasi"，意即「吉祥」，蒙古語「布哈」讀如 "buha"，意即「牝牛」，卷三十三作「答失不花」。圖沁布哈，唐

古特語「圖沁」讀如 "tucin" ，意即「大力」，蒙古語「布哈」讀如 "buha" ，意即「牤牛」，卷三十三作「禿堅不花」，卷一六九作「圖堅不花」。都稜特穆爾，蒙古語讀如 "dureng temur" ，意即「滿鐵」，卷三十三作「篤麟帖木兒」，卷三十六作「篤憐鐵木兒」。布達斯戩，梵語「布達」讀如 "buda" ，意即「佛」，唐古特語「斯戩」讀如 "sjiyan" ，意即「眼」，卷三十三作「布答思監」。哈喇岱爾，蒙古語讀如 "hara dair" ，意即「黑色牡鹿」，卷三十三作「忽剌答兒」，卷三十五作「哈剌答兒」。

　　丹巴，唐古特語讀如 "damba" ，意即「教」，卷三十三作「鼎八」，卷三十九作「党兀班」，卷四十作「党兀巴」，卷二〇二作「膽巴」。德濟，蒙古語讀如 "deji" ，意即「上分」，卷三十三作「迭己」。伯勒齊爾布哈，蒙古語讀如 "belcir buha" ，意即「牧場牤牛」，卷三十三作「別兒怯不花」。雅爾鼐實哩，唐古特語「雅爾鼐」讀如 "yarnai" ，意即「夏居」，梵語「實哩」讀如 "siri" ，意即「威」，卷三十三作「牙納失里」。賽音約蘇，蒙古語讀如 "sain yosu" ，意即「好道理」，卷三十三作「霄雲世月思」。瓊布，唐古特語讀如 "kiongbu" ，意即「小」，卷三十三作「沖卜」。嘉勒燦巴勒藏布，唐古特語讀如 "jiyalts'an bal dzangbu" ，意即「幢旛威美好」，卷三十三作「監藏班臧卜」。喀巴，滿洲語讀如 "kaba" ，意即「並蒂」，卷三十三作「哈班」。巴圖徹爾，蒙古語讀如 "batu cer" ，意即「結實潔淨」，卷三十三作「班都察」。摩濟，蒙古語讀如 "moji" ，意即「省城之省」，卷三十三作「末吉」。特古斯，蒙古語讀如 "tegus" ，意即

「雙」，卷三十三作「帖古思」，卷三十七作「鐵古思」。嘉勒斡藏布，唐古特語讀如 "jiyalwa dzangbu"，意即「勝美好」，卷三十四作「加瓦藏卜」。道拉實，蒙古語讀如 "doolasi"，意即「歌唱人」，卷三十四作「朵兒失」。吹斯戩，唐古特語讀如 "coi sjiyan"，意即「法眼」，卷三十四作「搠思監」，卷三十九作「搠失江」。蘇爾約蘇，蒙古語讀如 "sur yosu"，意即「威道理」，卷三十四作「小云失」。邁格，讀如 "maige"，卷三十四作「買哥」，無解義。伊蘇台，蒙古語讀如 "isutai"，意即「有九」，卷三十四作「也孫台」，卷一九五作「野峻台」。

阿達里，蒙古語讀如 "adali"，意即「同」，卷三十四作「阿梯里」。額爾勤額布根，蒙古語讀如 "erkin ebugen"，意即「尊貴老人」，卷三十四作「也真也不干」。温都遜特穆爾，蒙古語讀如 "undusun temur"，意即「根鐵」，卷三十四作「云都思帖木兒」。呼圖凌阿，滿洲語讀如 "hūturingga"，意即「有福人」，卷三十四作「忽都魯養阿」。圖德勒，蒙古語讀如 "tudel"，意即「留」，卷三十四作「禿塔兒」。呼爾敦實克，蒙古語讀如 "hūrdun sik"，意即「略便捷」，卷三十四作「忽都魯沙」。達喇齊，蒙古語讀如 "daraci"，意即「司酒人」，卷三十四作「答剌斥」，卷三十八作「塔剌赤」。薩里，蒙古語讀如 "sali"，意即「地弩」，卷三十四作「撒里」。托噶，蒙古語讀如 "toga"，意即「數目」，卷三十四作「禿烏」。諾海齊，蒙古語讀如 "nohaici"，意即「司狗人」，卷三十四作「那海察」。揚珠特穆爾，蒙古語讀如 "yangju temur"，意即「儀表鐵」，卷三十四作「養怯帖

木兒」。青格斯齊，蒙古語讀如"cing gesci"，意即「誠感化」，卷三十四作「徵棘斯察」。敖罕，蒙古語讀如"aohan"，意即「微寬」，卷三十四作「阿兀罕」。瑪勒，蒙古語讀如"mal"，意即「牲畜」，卷三十四作「馬兒」。烏訥實密遜，滿洲語讀如"unesi misun"，意即「傳家舊物醬」，卷三十四作「阿納昔木思」。巴雅斯，蒙古語讀如"bayas"，意即「喜」，卷三十四作「拜延順」。瑪展，滿洲語讀如"majan"，意即「長披箭」，卷三十四作「卯澤」。都稜呼圖克，蒙古語讀如"dureng hūtuk"，意即「滿福」，卷三十四作「篤憐渾禿」。

　　阿拉克實喇，蒙古語讀如"alak sira"，意即「花斑黃色」，卷三十四作「阿刺哥識里」。阿實克坦，蒙古語讀如"asiktan"，意即「有利」，卷三十四作「愛祖丁」。哈喇特穆爾，蒙古語讀如"hara temur"，意即「黑色鐵」，卷三十四作「哈刺鐵木兒」，卷一七九作「哈剌帖木兒」。呼達沙，滿洲語讀如"hūdaša"，意即「貿易」，卷三十四作「忽都沙」。珠爾噶，蒙古語讀如"jurga"，意即「六」，卷三十四作「珠遭」。阿勒達爾台，蒙古語讀如"aldartai"，意即「有名譽」，卷三十四作「阿迭的」，卷一三七作「阿達台」。布延特穆爾，蒙古語讀如"buyan temur"，意即「福鐵」，卷三十五作「卜顏帖木兒」，又作「不顏帖木兒」，卷一九四作「普顏帖木爾」。薩爾斡，梵語讀如"sarwa"，意即「一切」，卷三十五作「撒里瓦」。聶呼，滿洲語讀如"niyere"，意即「單弱」，卷三十五作「烈捏」。巴爾圖默色，蒙古語讀如"bartu mese"，意即「有虎器械」，卷三十五作「必刺

都迷失」。克哷木台，蒙古語讀如 "keremtai"，意即「有墙」，卷三十五作「怯列木丁」。沙格，讀如 "šage"，卷三十五作「沙哥」，無解義。沙津阿固齊喇特納實哩，蒙古語「沙津」讀如 "šajin"，意即「教」，「阿固齊」讀如 "agūci"，意即「寬闊」，梵語「喇特納實哩」讀如 "ratna siri"，意即「寶威」，卷三十五作「沙津愛護持必剌忒納失里」。巴哩納，蒙古語讀如 "barina"，意即「執」，卷三十五作「不魯納」。

　　諤尼德巴迪爾班第，蒙古語「諤尼德巴迪爾」讀如 "ūnide badir"，意即「長鉢」，唐古特語「班第」讀如 "bandi"，意即「小僧」，卷三十五作「旭你迭八答班的」。孟古圖嚕默色，蒙古語讀如 "munggu turu mese"，意即「銀頭目器械」，卷三十五作「忙兀禿魯迷失」，卷一七六作「忙兀突魯迷失」，卷二一〇作「忙完禿魯迷失」。呼穆蘇，蒙古語讀如 "hūmusu"，意即「指甲」，卷三十五作「海迷失」。博勒巴，蒙古語讀如 "bolba"，意即「熟」，卷三十五作「板不阿」。沁達噶，蒙古語讀如 "cindaga"，意即「天馬」，卷三十五作「怯得該」。袞布巴勒，唐古特語讀如 "gumbu bal"，意即「德威」，卷三十五作「管不八」，卷三十九作「鞏卜班」。布延塔納，蒙古語讀如 "buyan tana"，意即「福東珠」，卷三十五作「不顏帖你」。策巴，唐古特語讀如 "ts'eba"，意即「壽」，卷三十五作「乞八」。伊實巴勒，唐古特語讀如 "isi bal"，意即「智慧威」，卷三十五作「亦失班」，卷三十六作「也失班」。阿爾斯蘭密璉，蒙古語讀如 "arslan migūi"，意即「獅貓」，卷三十五作「阿兒思蘭兔古」。

呼圖克德濟，蒙古語讀如 "hūtuk deji"，意即「福上分」，卷三十五作「忽都的斤」，卷一三二作「忽都達吉」。托克托濟延，蒙古語讀如 "tokto jiyan"，意即「定命」，卷三十五作「脫脫赤顏」。珠爾噶岱爾，蒙古語讀如 "jurga dair"，意即「六牡鹿」，卷三十五作「只兒哈答兒」。

　　楚斯節，唐古特語讀如 "cusjiye"，意即「自水生」，卷三十五作「搠思吉」。伊特甘布，唐古特語讀如 "it g'ambu"，意即「心老」，卷三十五作「亦兒甘卜」。托琳和塔拉，蒙古語讀如 "torin hotala"，意即「週圍普遍」，卷三十五作「脫憐忽禿魯」，卷一○八作「脫隣忽都魯」。博爾濟吉特，蒙古語讀如 "borjigit"，元姓氏，卷三十五作「孛兒只吉台」。實喇布哈，蒙古語讀如 "sira buha"，意即「黃牡牛」，卷三十五作「撒里不花」，卷九十九作「昔剌不花」，卷一二○作「厘剌不花」。額芬，滿洲語讀如 "efen"，意即「餑餑」，卷三十五作「阿福」。必里克圖庫圖齊，蒙古語讀如 "biliktu kutuci"，意即「有志跟役」，卷三十五作「必剌都古象失」。覺特班，唐古特語讀如 "giotban"，意即「頭上裝儼」，卷三十五作「蘸班」。鴻和爾布哈，蒙古語讀如 "honghor buha"，意即「黃馬牡牛」，卷三十五作「晃忽兒不花」，卷三十六作「晃火兒不花」。哈努勒布哈，蒙古語讀如 "hanul buha"，意即「足牡牛」，卷三十五作「忽納不花」。和濟格爾布哈，蒙古語讀如 "hojiger buha"，意即「頭禿牡牛」，卷三十五作「忽哥兒不花」。布延呼圖克，蒙古語讀如 "buyan hūtuk"，意即「福」，卷三十五作「不顏忽都」。阿爾徹伯爾，蒙古語讀如 "ar ceber"，意即「花紋潔淨」，卷三十六作「阿

刺赤八刺」。達哈，索倫語讀如"daha"，意即「近」，卷三十六作「典哈」。圖沁多阿克，唐古特語讀如"tucin doak"，意即「大力經咒」，卷三十六作「禿堅董阿」。

必里克圖，蒙古語讀如"biliktu"，意即「有志」，卷三十六作「別列怯都」，卷一二三作「必里阿禿」。羅矩，唐古特語讀如"lo gioi"，意即「十年」，卷三十六作「驢駒」。錫林，滿洲語讀如"silin"，意即「精銳」，卷三十六作「失林」。布斯必均凌，梵語「布斯必」讀如"busbi"，意即「花」，唐古特語「均凌」讀如"giyūnring"，意即「永遠」，卷三十六作「不別居法郎」。徹辰，蒙古語讀如"cecen"，意即「聰明」，卷三十六作「丑丑」。凌布，唐古特語讀如"ringbu"，意即「長」，卷三十六作「靈保」。哈智怯瑪鼎，蒙古語讀如"hajykiyemadin"，回人名，卷三十六作「哈只怯馬丁」。特屯哈哈，滿洲語讀如"tetun haha"，意即「器男子」，卷三十六作「答都河海」。呼塔噶齊，蒙古語讀如"hūtagaci"，意即「佩小刀人」，卷三十七作「歡忒哈赤」。蘇爾蘇克穆爾台，蒙古語讀如"sur suke murtai"，意即「威斧有踪」，卷三十七作「小薛呵麻剌台」。庫爾濟蘇，蒙古語讀如"kur jisu"，意即「熱鬧顏色」，卷三十七作「闊里吉思」。哈喇烏達里克，蒙古語讀如"hara udalik"，意即「黑色重聽」，卷三十七作「哈里兀答兒」。哈噶濟，蒙古語讀如"hagaji"，意即「瘡痂」，卷三十七作「黑狗者」。達爾罕達哩，蒙古語讀如"dargan dari"，意即「凡有勤勞免其差役火藥」，卷三十八作「答剌罕答里」。納喇尼都，蒙古語讀如"nara nidu"，

意即「日眼」，卷三十八作「奴列你他」。鐵珠，讀如"tiyeju"，卷三十八作「帖住」，無解義。

　　奇爾薩，蒙古語讀如"kirsa"，意即「沙狐」，卷三十八作「吉烈思」。圖嚕默色，蒙古語讀如"turu mese"，意即「頭目器械」，卷三十八作「脫魯迷失」。巴延布哈，蒙古語讀如"bayan buha"，意即「富牝牛」，卷三十八作「伯顏溥花」，卷四十二作「不顏不花」，又作「伯顏卜花」，又作「卜顏不花」。額格伯，蒙古語讀如"egebe"，意即「已退」，卷三十八作「阿哈伯」。伊勒噶克齊，蒙古語讀如"ilgakci"，意即「辦事人」，卷三十八作「亦里黑赤」。達哩，蒙古語讀如"dari"，意即「火藥」，卷三十八作「答里」，卷一三五作「答離」。伊蘇格爾，蒙古語讀如"isu ger"，意即「九房屋」，卷三十八作「亦思干兒」。薩奇，蒙古語讀如"saki"，意即「看守」，卷三十八作「撒昔」。布敦實喇布哈，蒙古語讀如"budun sira buha"，意即「粗黃色牝牛」，卷三十八作「福丁失剌不花」。實喇德格，蒙古語讀如"sira dege"，意即「黃色鈎」，卷三十八作「撒兒的哥」。呼喇，蒙古語讀如"hūra"，意即「雨」，卷三十九作「灰里」。羅壘丹，唐古特語讀如"loloi dan"，意即「智慧全」，卷三十九作「羅羅歹」。

　　庫春格爾，蒙古語讀如"kucun ger"，意即「力房屋」，卷三十九作「寬徹哥」，卷一二八作「寬折哥」。濟延布哈，蒙古語讀如"jiyan buha"，意即「命牝牛」，卷三十九作「者燕不花」。納木喀僧格，唐古特語讀如"namk'a sengge"，意即「天獅」，卷三十九作「曩哥星吉」。噶扎

爾，蒙古語讀如"gajar"，意即「地」，卷三十九作「狗扎里」。圖嚕默色哈雅，蒙古語讀如"turu mese haya"，意即「頭目器械山墻」，卷三十九作「禿兒迷失海牙」，卷一四五作「禿魯迷失海牙」。奇里，蒙古語讀如"kili"，意即「界」，卷三十九作「舉理」。僧格巴拉，唐古特語「僧格」讀如"sengge"，意即「獅」，梵語「巴拉」讀如"bala"，意即「守護」，卷三十九作「桑哥八剌」。英格，蒙古語讀如"ingge"，意即「母駝」，卷三十九作「羊歸」。桑嘉依喇嘛，唐古特語讀如"sangjiyai lama"，意即「佛番僧」，卷三十九作「僧伽剌麻」。佛嘉律，讀如"fogiyalioi"，卷三十九作「佛家閭」，無解義。阿木察，滿洲語讀如"amca"，意即「趕」，卷三十九作「恩莫綽」。吉達布，滿洲語讀如"gidabu"，意即「使壓」，卷三十九作「吉當普」。

表中人名，含蒙古語、滿洲語、唐古特語、梵語、回語、索倫語等，譬如：呼圖克台，蒙古語讀如"hūtuktai"，意即「有福」。呼圖凌阿，滿洲語讀如"hūturingga"，意即「有福」。索諾木，唐古特語讀如"sonom"，意即「福」。阿爾哈特，梵語讀如"arh'at"，意即「羅漢」。和卓，回語讀如"hojo"，意即「美稱」。達哈，索倫語讀如"daha"，意即「近」。《元史》人名、地名等漢字譯音，頗不一致，《欽定元史語解》據蒙古語、滿洲語、唐古特語、梵語、回語、索倫語改譯漢字，讀音相近。

表中人名，多以牡牛、鐵命名，頗具特色。布哈特穆爾（buha temur），意即「牡牛鐵」。達賚布哈（dalai

buha），意即「海牡牛」。薩里布哈（sali buha），意即「地弩牡牛」。雅克布哈（yak buha），意即「結實牡牛」。布哈台（buhatai），意即「有牡牛」。達實布哈（dasi buha），意即「吉祥牡牛」。圖沁布哈（tucin buha），意即「大力牡牛」。伯勒齊爾布哈（belcir buha），意即「牧場牡牛」。實喇布哈（sira buha），意即「黃牡牛」。鴻和爾布哈（honghor buha），意即「黃馬牡牛」。哈努勒布哈（hanul buha），意即「足牡牛」。和濟格爾布哈（hojiger buha），意即「頭禿牡牛」。巴延布哈（bayan buha），意即「富牡牛」。布敦實喇布哈（budun sira buha），意即「粗黃色牡牛」。濟延布哈（jiyan buha），意即「命牡牛」。

圖烈特穆爾（tuliye temur），意即「燒柴鐵」。阿勒呼木特穆爾（alhūm temur），意即「一步鐵」。都稜特穆爾（dureng temur），意即「滿鐵」。温都遜特穆爾（undusun temur），意即「根鐵」。揚珠特穆爾（yangju temur），意即「儀表鐵」。哈喇特穆爾（hara temur），意即「黑色鐵」。布延特穆爾（buyan temur），意即「福鐵」。

以行業命名，更具特色。特默齊（temeci），意即「牧駝人」。噶海齊（gahaici），意即「養猪人」。特節齊（tejiyeci），意即「善養身人」。道拉實（doolasi），意即「歌唱人」。達喇齊（daraci），意即「司酒人」。諾海齊（nohaici），意即「司狗人」。呼塔噶齊（hūtagaci），意即「佩小刀人」。伊勒噶克齊（ilgakci），意即「辦事人」。

阿穆隙

阿木察　滿洲語趕也卷三
十九作恩莫綽

吉達布　滿洲語使壓也卷
三十九作吉當普

基達補
伊阿烏